Dr. Michael Kunze
Ingrid Kiefer

Kochbuch fürs Herz

Dr. Michael Kunze
Ingrid Kiefer

Kochbuch fürs Herz

Die 200 besten Rezepte
zur cholesterinarmen Ernährung

Ehrenwirth

CIP-Titelaufnahme der Deutschen Bibliothek

Kunze, Michael:
Kochbuch fürs Herz: die 200 besten Rezepte zur cholesterinarmen Ernährung / Michael Kunze; Ingrid Kiefer. —
München: Ehrenwirth; Leoben: Österreich, Kneippbund, 1989
(Gesund mit Ehrenwirth)
ISBN 3-431-03068-8
NE: Kiefer, Ingrid

ISBN 3-431-03068-8

Umschlag: Atelier Höpfner-Thoma München.
Druck: Universal Druckerei, Leoben.
Printed in Austria 1989.

VORWORT

Die sogenannten Wohlstandskrankheiten bestimmen im zunehmenden Maße das Krankheitsspektrum. Die Atherosklerose und ihre Folgen sind von besonderer Bedeutung. Mehr als die Hälfte aller Todesfälle wird durch sie verursacht. Die Entwicklung der atherosklerosebedingten Erkrankungen in Österreich ist ungünstig, aber die wissenschaftlichen Fortschritte der jüngsten Zeit zeigen, daß die Erkrankungen vor allem durch Vorsorgemaßnahmen gut beeinflußbar sind.

Man weiß, daß die Atherosklerose und ihre Folgeerscheinungen in Österreich in den nächsten Jahren noch zunehmen werden.

Im internationalen Vergleich liegt Österreich bezüglich der Sterblichkeit an Herzerkrankungen an 17. Stelle, im Gegensatz zu den Hirngefäßerkrankungen, wo wir uns bereits an 7. Stelle befinden.

Demgegenüber steht das große Interesse an der Atherosklerose-Vorsorgung, das sich an der großen Beteiligung an Cholesterin-Meßaktionen, am Rückgang des Zigarettenkonsums und am Interesse an Maßnahmen zur Kontrolle des Risikofaktors Hypertonie zeigt.

Auch die Lebensmittelhersteller haben vielfach dem steigenden Atherosklerose- und Cholesterin-Bewußtsein der Bevölkerung Rechung getragen. Es gibt neue und interessante Produkte.

Mit diesem Buch wollen wir Ihnen die Grundlagen einer gesunden Ernährung, aber vor allem den großen Bereich der Herz-Kreislauf-Erkrankungen mit den damit verbundenen Risikofaktoren in verständlicher Weise nahebringen.

Univ.-Prof. Dr. med. Michael Kunze

INHALT

Die nachfolgenden Rezepte wurden innerhalb der einzelnen Gruppen alphabetisch gereiht.

Hauptgerichte 89

GRUNDBESTANDTEILE UNSERER NAHRUNG

Durch die Nahrung führen wir dem Körper eine Vielzahl von Lebensmitteln zu, die sich durch ihre Zusammensetzung unterscheiden.

Lebensmittel liefern uns **Nährstoffe, Wirkstoffe, Ballaststoffe und Aroma- und Geschmacksstoffe.**

Bei den Nährstoffen unterscheiden wir wiederum zwischen Bau- und Brennstoffen.

Zu den Brennstoffen zählen Fette und Kohlenhydrate. Ihre Aufgabe im Organismus besteht in der Bereitstellung der Energie, demgegenüber werden die Baustoffe (Eiweiß, Mineralstoffe, Wasser) zum Aufbau und Ersatz von Körpersubstanzen benötigt.

Die Wirkstoffe, Vitamine und Mineralstoffe, regeln die Körperfunktionen. Die Ballaststoffe benötigen wir für eine funktionierende Verdauung, während die Aroma- und Geschmacksstoffe den Appetit anregen.

1. Eiweiß

Eiweiß nimmt innerhalb der Nährstoffe insofern eine Sonderstellung ein, da es sich, im Gegensatz zu den Kohlenhydraten und Fetten, durch keinen anderen Nährstoff ersetzen läßt.

Grundbausteine des Eiweißes sind die Aminosäuren. Von den 20 bekannten sind 8 für den Menschen essentiell, das heißt, man ist nicht in der Lage, die 8 Aminosäuren selbst aufzubauen, sondern sie müssen mit der Nahrung zugeführt werden.
Für diese körpereigene Synthese von Eiweiß ist die gleichzeitige Anwesenheit aller dazu benötigten Aminosäuren erforderlich.
Demzufolge kann körpereigenes Eiweiß nur dann entsprechend aufgebaut werden, wenn mit den Mahlzeiten möglichst komplette Aminosäurengemische aufgenommen werden. Fehlt eine essentielle Aminosäure, ist die Eiweißsynthese gestört.
Der Anteil der essentiellen Aminosäuren bestimmt den Wert des Nahrungseiweißes, bezogen auf die Verwertbarkeit im Organismus.

Dieser Vorgang wird als **biologische Wertigkeit** bezeichnet. Sie beschreibt also die Menge an Körpereiweiß in Gramm, die durch 100 Gramm des betreffenden Nahrungseiweißes ersetzt werden kann.
Die höchste biologische Wertigkeit findet man beim Vollei, gefolgt von Kartoffeln, Rindfleisch, Milch und Milchprodukten und Soja.

Demnach läßt sich auch aus pflanzlichen Nahrungsmitteln, also mit vegetarischer Kost, durch sinnvolle Kombination verschiedener Eiweißträger eine im Eiweißgehalt vollwertige Kost zusammenstellen.

Jede Eiweißart unterscheidet sich durch eine für sie charakteristische Aufeinanderfolge der Aminosäuren. Daraus ergibt sich eine Unzahl von Möglichkeiten, und jede Tierart baut ihr ganz spezifisches Eiweiß auf.
Auch der Mensch hat sein ganz speziell zusammengesetztes Eiweiß, das sich in dieser Form sonst nirgends findet.

Die Funktion des Eiweißes im Organismus ist in erster Linie die Gerüstsubstanz, man findet es aber auch in Körperflüssigkeiten, im Blut- und Muskelfarbstoff.
Die Bedeutung des Nahrungseiweißes liegt also in der Lieferung von Aminosäuren, die für den Aufbau von körpereigenem Eiweiß benötigt werden. Zuviel zugeführtes Eiweiß wird in Kohlenhydrate oder Fett umgewandelt und in dieser Form zur Energiegewinnung herangezogen oder im Körper gespeichert.

Ein Gramm Eiweiß liefert **17 kJ (4,1 kcal).**

Bedarf: Die empfohlene Eiweißzufuhr für den Erwachsenen liegt bei 0,8 g pro kg Körpergewicht/Tag.
Einen erhöhten Bedarf haben Kinder, Jugendliche, Schwangere und Stillende.
Zu unseren wichtigsten Eiweißlieferanten zählen sämtliche Milchprodukte, Fisch und Fleisch und das Ei. Diese tierischen Eiweißlieferanten sind grundsätzlich hochwertiger als die pflanzlichen Eiweißträger, wie Getreide, Kartoffeln und Hülsenfrüchte. Es ist empfehlenswert, rund die Hälfte des täglichen Eiweißbedarfes durch tierisches Eiweiß zu decken.

Eiweißmangel führt im Kindesalter zu körperlichen und geistigen Entwicklungsstörungen, während beim Erwachsenen die Leistungsfähigkeit herabgesetzt wird. Eiweißmangel findet sich vor allem in den Entwicklungsländern. Die Mangelkrankheit »Kwashiorkor« verläuft hier in den meisten Fällen tödlich.

2. Kohlenhydrate

Kohlenhydrate sind ein wesentlicher Bestandteil unserer Ernährung. Mindestens 55 % der zugeführten Energie sollten von Kohlenhydraten stammen.
Bei den Kohlenhydraten unterscheidet man die Einfachzucker, Mehrfachzucker und Vielfachzucker. Der Unterschied liegt nicht nur in der chemischen Struktur, sondern auch in der Verwertbarkeit im Organismus:

- Kohlenhydrate, die rasch aufgenommen werden, wie Zucker, Stärkemehl, jede Mehlsorte und Obstsäfte.
- Kohlenhydrate, die langsam aufgenommen werden, etwa aus Obst, Gemüse und Vollkornprodukten.
- Die vom menschlichen Organismus nicht verwertbaren Kohlenhydrate (Ballaststoffe).

Kohlenhydrate gehören zwar nicht zu den lebensnotwendigen Stoffen, trotzdem kann ihre Zufuhr nur begrenzt gesenkt werden, da sie für den normalen Ablauf des Stoffwechsels notwendig sind.
Zu ihren spezifischen Aufgaben zählt aber die Energielieferung für die Nerven- und Gehirnzellen.

Kohlenhydrate liefern wie das Eiweiß **17 kJ (4,1 kcal).**

Ganz wesentlich ist die Auswahl der richtigen Kohlenhydrate.
Die Zuckerzufuhr in Form von Süßigkeiten ist zu unterlassen.
Demgegenüber ist die Erhöhung der Ballaststoffzufuhr unbedingt notwendig.
Ein weitgehendes Problem stellt eine zu große Kohlenhydratzufuhr dar, da die überschüssigen Zucker in Fett umgewandelt und so im Organismus gespeichert werden.

Ballaststoffe sind entgegen ihrem Namen für den menschlichen Organismus von besonderer Bedeutung: sie regeln die Darmtätigkeit, weil sie zur Füllung des Darmes beitragen, und wirken somit einer Verstopfung entgegen.
Durch die Beschleunigung der Darmpassage werden für den Dickdarm eventuell giftige oder krebserregende Substanzen schneller ausgeschieden. Sie binden im Darm Gallensäuren, auf diese Weise wird dem Körper auf natürliche Weise Cholesterin entzogen.
Zusätzlich erhöhen Ballaststoffe das Volumen der zugeführten Nahrung, dadurch wird die »Energiedichte« erniedrigt, zwangsläufig werden weniger Fett und Kochsalz zugeführt, und Hungergefühle treten später auf.

Der Bedarf liegt bei mindestens 30 Gramm Ballaststoffe pro Tag, die tatsächliche Zufuhr liegt aber im Schnitt unter 20 Gramm.

Ballaststoffe sind enthalten in Brot und Getreideprodukten, Obst, Gemüse und Salaten.

Rund die Hälfte des Bedarfs wird mit Brot gedeckt. Weizenkleie und Leinsamen sind bekannte ballaststoffreiche Nahrungsmittel, die vielfach auch bei Beschwerden wie Darmträgheit und Verstopfung eingesetzt werden. Bei ihrer Zufuhr ist auf eine ausreichende Flüssigkeitszufuhr zu achten.

3. Fette

Fette bestehen — chemisch gesehen — aus Glycerin und drei Fettsäuren.

Bei den Fettsäuren unterscheidet man gesättigte und ungesättigte Fettsäuren:

Gesättigte Fettsäuren haben in ihrem chemischen Aufbau keine Doppelbindung; zu ihnen zählen die Buttersäure und Stearinsäure.

Demgegenüber haben ungesättigte Fettsäuren eine (einfach ungesättigte Fettsäuren), zwei (zweifach ungesättigte Fettsäuren) oder mehrere Doppelbindungen (mehrfach ungesättigte Fettsäuren).

Aufgrund der Fettsäurenzusammensetzung werden die üblichen Nahrungsfette in verschiedene Gruppen gegliedert:

- Fette mit einem hohen Gehalt an gesättigten Fettsäuren, wie z. B. Rindertalg oder Kokosfett.
- Fette mit einem hohen Gehalt an einfach ungesättigten Fettsäuren, wie Olivenöl, Erdnußöl.
- Fette mit einem hohen Gehalt an mehrfach ungesättigten Fettsäuren, wie z. B. Sonnenblumenöl, Sojaöl oder Maiskeimöl.

Nahrungsfette können aber auch aufgrund ihrer Konsistenz eingeteilt werden:

1. Öle: Ihre Fettsäuren haben meist eine oder mehrere Doppelbindungen. Es handelt sich somit um vorwiegend ungesättigte Fettsäuren oder um Fettsäuren mit kurzer Kohlenstoffkette.
2. Feste Fette: Sie haben kaum Doppelbindungen, bestehen also aus gesättigten Fettsäuren mit langen Kohlenstoffketten.
Die für den Körper wertvollsten Fette sind jene mit mehrfach ungesättigten Fettsäuren. Mehr ungesättigte Fettsäuren sind vor allem in Pflanzenölen enthalten, die alle cholesterinfrei sind.
Den größten Anteil an mehrfach ungesättigten Fettsäuren hat Safloröl (Distelöl) mit 74 %, gefolgt von Sonnenblumenöl (61 %) und Maiskeimöl (58 %).

Gehalt an mehrfach ungesättigten Fettsäuren in Fetten und Ölen

	(pro 100 g)
Safloröl	74 g
Mohnöl	73 g
Walnußöl	70 g
Leinöl	69 g
Traubenkernöl	66 g
Weizenkeimöl	65 g
Sojaöl	61 g
Sonnenblumenöl	61 g
Kürbiskernöl	51 g
Diätmargarine	47 g
Sesamöl	44 g
Pflanzenmargarine	25 g
Erdnußöl	25 g
Hühnerfett	23 g
Standardmargarine	20 g
Palmöl	11 g
Schmalz	10 g
Olivenöl	9 g
Rindertalg	5 g
Butterschmalz	4 g
Butter	3 g
Kakaobutter	2 g
Kokosfett	1 g

(Nach Souci-Fachmann-Kraut: Lebensmitteltabelle für die Praxis)

Jedoch sind nicht alle Pflanzenfette reich an ungesättigten Fettsäuren, so besteht zum Beispiel das Kokosöl zu 86 % aus gesättigen Fettsäuren.

Mehrfach ungesättigte Fettsäuren sind aber auch in verschiedenen anderen Lebensmitteln enthalten: So enthalten 100 g Sojabohnen ca. 11 g und 100 g Mandeln 10 g mehrfach ungesättigte Fettsäuren.

Gehalt an mehrfach ungesättigten Fettsäuren in ausgewählten Lebensmitteln

	(pro 100 g)
Sojabohne	11 g
Mandel	10 g
Walnuß	7 g
Haselnuß	6 g
Weizenkeime	5 g
Putenfleisch	4 g
Haferflocken	3 g
Sesam	3 g
Aal	2 g
Mais	2 g
Huhn	1 g

(Nach Souci-Fachmann-Kraut: Lebensmitteltabelle für die Praxis)

Mehrfach ungesättigte Fettsäuren tragen zur Senkung des Cholesterinspiegels im Blut bei und sollten daher anstelle von gesättigten, vor allem tierischen Fettsäuren konsumiert werden.

Zu den einfach ungesättigten Fettsäuren gehört z. B. die Ölsäure. Einen hohen Gehalt an einfach ungesättigten Fettsäuren weist das Olivenöl auf.
Die Wirkung der einfach ungesättigten Fettsäuren auf den Cholesterinspiegel ist neutral.

Als günstig werden sie bezeichnet, wenn sie auch die gesättigten Fettsäuren ersetzen.

Gesättigte Fettsäuren stammen vorwiegend von tierischen Produkten. Sicher nachgewiesen ist ihre cholesterinerhöhende Wirkung.

Damit stellt sich die Forderung, die gesättigten Fettsäuren weitgehend aus unserer Ernährung zu verbannen.

Im Zusammenhang mit den Fetten wird von einem **P/S-Quotienten** gesprochen. Diese Zahl gibt das Verhältnis von mehrfach ungesättigten (**p**olyunsaturated) zu gesättigten (**s**aturated) Fettsäuren in der Nahrung an.

Der P/S-Quotient sollte bei 1 liegen, liegt aber laut österreichischer Ernährungsbilanz nur bei 0,31.

Bei pflanzlichen Fetten ist infolge ihres höheren Gehaltes an mehrfach ungesättigten Fettsäuren ein P/S-Quotient von 1,1, bei tierischen Fetten hingegen ein Wert von 0,15 zu erwarten.

Nahrungsmittel	gesättigte Fettsäuren	mehrfach ungesättigte Fettsäuren	**P/S-Quot.**
Fette und Öle			
Butter	50,6 g	2,5 g	0,05
Diätmargarine	18,4 g	48,0 g	2,61
Kokosfett	92,0 g	2,0 g	0,02
Maiskeimöl	17,0 g	51,0 g	3,00
Schweineschmalz	47,0 g	10,0 g	0,21
Sonnenblumenöl	11,0 g	64,0 g	5,82
Olivenöl	19,0 g	8,0 g	0,42
Mayonnaise, 80 % Fett	10,4 g	50,4 g	4,85
Mayonnaise, 30 % Fett	3,9 g	18,9 g	4,85
Fleisch			
Kalbfleisch:			
Karree, Schulter	1,4 g	0,2 g	0,14
Lungenbraten	0,5 g	0,1 g	0,20
Lammfleisch:			
Filet	1,8 g	0,1 g	0,06
Kotelett	18,9 g	1,3 g	0,07
Rücken	7,7 g	0,5 g	0,06
Rindfleisch:			
Beinfleisch	8,7 g	0,5 g	0,06
Faschiertes	7,1 g	0,4 g	0,06
Lungenbraten	2,0 g	0,1 g	0,05
Rostbraten	8,7 g	0,5 g	0,06
Schnitzel, Tafelspitz	3,6 g	0,2 g	0,06
Schweinefleisch:			
Bauchfleisch	19,3 g	4,2 g	0,22
Faschiertes	11,5 g	2,5 g	0,22
Lungenbraten	4,6 g	1,0 g	0,22
Schopfbraten	11,5 g	2,5 g	0,22
Wild und Geflügel			
Brathuhn	2,0 g	1,3 g	0,65
Ente	5,3 g	3,7 g	0,70
Gans	9,6 g	6,8 g	0,71
Hirsch	2,0 g	0,1 g	0,05
Truthahn	0,9 g	0,6 g	0,67

Brot und Gebäck

Sie sind nicht nur Kohlenhydratlieferanten, sondern haben auch einen hohen Anteil an Ballaststoffen und liefern vor allem Vitamin B.

Frühstücksmüsli

Zwei Eßlöffel Getreide
(Weizen, Hafer, Roggen, Grünkern usw.)
am Vorabend schroten und in Wasser
einweichen. Am Morgen frisches Obst und
Trockenfrüchte dazugeben und mit
Magerjoghurt verrühren.

Variationen: Mit Getreideflocken oder
Fertigmüsli oder frischen Beeren . . .

Milchprodukte und Käse

*Sie liefern das hochwertige Milcheiweiß.
Dem Cholesterinspiegel zuliebe
bevorzugen wir fettarme Sorten.*

Nahrungsmittel	gesättigte Fettsäuren	mehrfach ungesättigte Fettsäuren	**P/S-Quot.**
Fisch			
Forelle	0,3 g	0,4 g	1,33
Heilbutt	0,9 g	2,2 g	2,44
Hering	4,0 g	2,4 g	0,60
Karpfen	0,8 g	0,6 g	0,75
Lachs	2,5 g	2,8 g	1,12
Scholle	0,3 g	0,3 g	1,00
Seelachs	0,4 g	0,4 g	1,00
Milch und Milchprodukte, Eier			
Ei	2,1 g	1,2 g	0,57
Joghurt, 3,6% Fett	2,2 g	0,1 g	0,05
Kondensmilch, 7,5% Fett	4,6 g	0,2 g	0,04
Speisetopfen, 10% F. i. T.	1,2 g	0,1 g	0,08
Speisetopfen, 40% F. i. T.	7,3 g	0,4 g	0,05
Käse			
Camembert, 50% F. i. T.	18,3 g	0,9 g	0,05
Doppelrahmfrischkäse	18,9 g	0,9 g	0,05
Emmentaler, 45% F. i. T.	18,3 g	0,9 g	0,05
Schloßkäse, 35% F. i. T.	10,4 g	0,5 g	0,05
Quargel	0,6 g	0,0 g	—
Getreide und Nährmittel			
Eierteigwaren	1,1 g	0,6 g	0,55
Haferflocken	1,4 g	2,8 g	2,00
Hirse	1,0 g	2,0 g	2,00
Naturreis	0,4 g	0,8 g	2,00
Weizenkleie	1,0 g	2,5 g	2,50

(Nach: Kuner: Nährwertbroschüre)

Die wichtigste Funktion des Fettes ist die Energiebereitstellung, da 1 g Fett **38,9 kJ (9,3 kcal)** liefert, also doppelt soviel wie Eiweiß oder Kohlenhydrate.

Es handelt sich hier um eine langfristige Energieversorgung, im Gegensatz zu den Kohlenhydraten, die rasch benötigte Energie bereitstellen, deren Reserven aber nur wenige Stunden ausreichen.

Nahrungsfette, die nicht sofort in Energie umzusetzen sind, werden in Form von körpereigenen Fetten abgelagert und dienen somit einer Energiereserve.

Ein weitgehendes Problem stellt aber die übermäßige Fettablagerung, also das Übergewicht dar.

Der erhöhte Fettkonsum ist ein wesentliches Problem unserer täglichen Ernährung, ein Zeichen des Überflusses und des Wohlstandes.

Fettreiche Speisen entsprechen vielfach unserem Geschmack, sie »schmecken« besonders gut. Das Problem besteht aber darin, daß wir durch die hohe Zufuhr von »sichtbarem« und »verstecktem« Fett zuviel an Fett zu uns nehmen.

Als Richtlinie für die Fettzufuhr ist zu beachten, daß täglich nicht mehr als 25 g Streichfett, das entspricht einer Hotelportion, konsumiert werden soll.

Streich- und Kochfett zusammen sollten unter der Hälfte der täglichen Gesamtfettzufuhr liegen.

Anders ist es bei den versteckten Fetten. Hier hilft nur das Wissen. Versteckte Fette sind vor allem in sehr vielen Wurst- und Käsesorten, aber auch in Nüssen und Schokolade enthalten.

Durchschnittlicher Fettgehalt verschiedener Nahrungsmittel

(pro 100 g)

Fette, Speiseöle

Maiskeimöl	99,9 g
Lebertran	99,9 g
Sonnenblumenöl	99,8 g
Butterschmalz	99,5 g
Butter	83,2 g
Margarine	80,0 g
Mayonnaise (80% Fett)	78,9 g

Milch und Milchprodukte, Eier

Creme fraiche, 40% Fett	40,0 g
Hühnereigelb	31,9 g
Schlagsahne	31,7 g
Doppelrahmkäse, 60% F. i.T.	31,5 g
Edelpilzkäse, 50% F. i.T.	29,8 g
Emmentaler, 45% F. i.T.	29,7 g
Gouda, 45% F. i.T.	29,2 g
Tilsiter, 45% F. i.T.	27,7 g
Parmesan, 35% F. i.T.	25,8 g
Schmelzkäse, 45% F. i.T.	23,6 g
Kondensmilch, 10% Fett	10,1 g
Schafmilch	6,3 g

Durchschnittlicher Fettgehalt verschiedener Nahrungsmittel

(pro 100 g)

Fleisch

Hammelbrust	37,0 g
Schweinefleisch, Bauch	36,5 g
Hammelkotelett	32,0 g
Schweinefleisch, Schulter	22,5 g
Schweinefleisch, Keule	22,9 g
Roastbeef	10,2 g
Rindfleisch, Schlegel	7,1 g
Kalbfleisch, Brust	6,3 g

Fleisch- und Wurstwaren

Speck	89 g
Kantwurst	49 g
Salami	47 g
Mettwurst	45 g
Leberstreichwurst	35 g
Braunschweiger	33 g
Käsewurst	30 g
Schinken gekocht	21 g

Fisch

Aal, geräuchert	26 g
Matjesfilet	23 g
Hering o. G.	19 g
Thunfisch in Öl	21 g
Makrele o. G.	12 g
Forelle o. G.	3 g

Wild und Geflügel

Gans	31 g
Suppenhuhn	20 g
Ente	17 g
Kaninchen	8 g
Rehrücken	4 g

Süßwaren, Zucker, Nüsse

Paranüsse	67 g
Mohn	41 g
Nougat	35 g
Schokolade	33 g
Kakaopulver	25 g
Marzipan	25 g
Erdnüsse	16 g

(Nach: Elmadfa et al.: Die große GU Nährwerttabelle; Kuner: Nährwertbroschüre)

Aber auch die richtige Auswahl der Zubereitungsart kann der Reduktion der Fettzufuhr dienlich sein.
Besonders fette Zubereitungsarten, wie Fritieren, Braten, Panieren und in Fett Ausbacken, sollten durch Dünsten, Dämpfen, Kochen oder Garen in Folie, Tontopf, beschichteten Pfannen oder Töpfen ersetzt werden.

Insgesamt sollten aber nur 25 bis 30% der Gesamtenergiemenge in Form von Fett zugeführt werden.

Neben der Energielieferung sind Fette Träger von essentiellen Fettsäuren, die der Körper selbst nicht aufbauen kann.
Außerdem werden die fettlöslichen Vitamine A, D, E und K dem Organismus überwiegend über Fette und fettreiche Nahrungsmittel zugeführt.
Für ihre Aufnahme aus dem Darm ist die Anwesenheit von Fett notwendig.
Infolge ihrer längeren Verweildauer im Magen haben Fette einen hohen Sättigungswert.

4. Vitamine

Vitamine gehören zu den lebensnotwendigen Stoffen, die dem Körper unbedingt durch die Nahrung zugeführt werden müssen.
Sie wirken im Stoffwechsel zusammen mit Enzymen und Hormonen als Biokatalysatoren und sind für den Ablauf der Lebensfunktionen unentbehrlich.
Sie werden nur in Kleinstmengen benötigt und haben als Baumaterial für Körperstrukturen keine Bedeutung.

Eine chemische Einteilung erfolgt in **fett- und wasserlösliche Vitamine.**

Fettlösliche Vitamine	Wasserlösliche Vitamine
Vitamin A	B-Vitamine
Vitamin D	Vitamin C
Vitamin E	
Vitamin K	

Die wichtigsten Vitamine sollen kurz angeführt werden:

Vitamin A ist wichtig für die Sehfunktion, außerdem für die Widerstandsfähigkeit von Haut und Schleimhäuten.
Es ist in großen Mengen in Karotten, Grünkohl, Spinat, Mangold und Leber enthalten.

Vitamin C ist das bekannteste unter den Vitaminen. Es beeinflußt den Aufbau von Bindegewebe, Sehnen, Knorpeln und Knochen, es spielt eine Rolle bei der Produktion von Hormonen und schützt den Körper vielleicht sogar vor der Einwirkung krebserzeugender Substanzen. Es ist am Knochen- und Zahnaufbau beteiligt und wirkt durch die Erhöhung der Widerstandskraft gegen Infektionskrankheiten. Besonders interessant ist die Tatsache, daß Raucher mehr Vitamin C verbrauchen als Nichtraucher und daher einen gesteigerten Vitaminbedarf haben.
Der Bedarf ist aber auch bei starker körperlicher Belastung, während der Schwangerschaft und Stillzeit und bei fieberhaften Erkrankungen erhöht.

Reich an Vitamin C sind: Kiwi, schwarze Johannisbeeren, Grapefruits, Sanddornbeeren, Paprika, Broccoli und Sauerkraut.

Vitamin D bewirkt, daß Kalzium in den Knochen eingebaut wird, die Knochen hart werden. Die früher gefürchtete Rachitis (Knochenerweichung) war eine Folge unzureichender Zufuhr von Vitamin D.
Die wichtigsten Vitamin-D-Lieferanten sind Fische, aber auch Pilze.

Besondere Bedeutung im Zusammenhang mit Leistungsfähigkeit und Konzentration stellt das Vitamin B1 dar. Es wirkt gegen Appetitlosigkeit, Muskelschwäche, Müdigkeit, Unfähigkeit zur Konzentration, Reizbarkeit und Depressionen.
Vor allem bei Kindern sollte auf eine genügende Vitamin-B1-Versorgung geachtet werden. Der Bedarf hängt von der Nahrungszusammensetzung ab und ist bei hoher Kohlenhydrataufnahme erhöht. Besonders reich an Vitamin B1 sind Vollkornprodukte, Reis und Fleisch.

5. Mineralstoffe und Spurenelemente

Es handelt sich hier um anorganische, nicht brennbare Nahrungsbestandteile.

Nach der Menge ihres Vorkommens und nach dem Bedarf unterscheidet man zwischen Mengenelementen wie Natrium, Kalium, Kalzium, Magnesium, und Spurenelementen wie Eisen, Kupfer, Zink, Mangan und Jod.

Ihre wichtigste Aufgabe ist die Funktion als Baustoff. Mineralstoffe sind wesentliche Bestandteile des menschlichen Skeletts, sie geben diesem die Festigkeit und ermöglichen so seine Stützfunktion.

Daneben sind sie sogenannte Reglerstoffe, indem sie in gelöster Form die physikalischen und chemischen Eigenschaften der Körperflüssigkeiten beeinflussen, und durch sie ist erst die Erregbarkeit von Nerven- und Muskelzellen möglich.

Wie alle anderen Bausteine sind die Mineralstoffe im Organismus einem ständigen Umsatz unterworfen. Im Gegensatz zu Eiweiß, Fett und Kohlenhydraten werden die Mineralstoffe im Organismus weder produziert noch verbraucht. Mit jeder Flüssikgeitsabgabe (z. B. Harn, Schweiß) ist ein Verlust an Mineralstoffen verbunden, der mit der Nahrung wieder ersetzt werden muß.

Kalzium ist entscheidend am Aufbau von Knochen und Zähnen beteiligt und ist unerläßlich für die Blutgerinnung. Sinkt der Kalziumspiegel des Blutes zu stark ab, kommt es zunächst zu Krämpfen und bei langanhaltender Unterversorgung zum Abbau von Knochensubstanz.

Natrium regelt vor allem den osmotischen Druck und aktiviert Enzyme des Körpers. Die Zufuhr liegt weit über dem Bedarf, da neben Kochsalz auch zahlreiche Nahrungsmittel Natrium enthalten. Als Folge der überhöhten Natriumzufuhr kommt es zur Ödembildung und Blutdruckerhöhung.

6. Wasser

Der menschliche Organismus besteht zum Großteil aus Wasser.

Der Wasserbedarf eines (etwa 70 kg schweren) Erwachsenen beträgt 2 bis 2,5 Liter pro Tag.

Bei entsprechender Anstrengung und hohen Außentemperaturen kommt dazu natürlich noch jene Wassermenge, die über den Schweiß verloren geht. Der Wasserbedarf muß natürlich nicht in Form von reinem Wasser täglich zugeführt werden, da Wasser auch in allen Lebensmitteln enthalten ist.

Man darf annehmen, daß durch den Genuß von Getränken, Suppen und anderen Nahrungsmitteln etwa 1,5 Liter pro Tag aufgenommen werden.

Bei großer Hitze und entsprechenden Anstrengungen können pro Stunde bis zu 1,5 Liter Schweiß abgegeben werden, die unbedingt ersetzt werden müssen.

CHOLESTERIN – WAS MAN DARÜBER WISSEN SOLLTE

Cholesterin gehört zu den fettähnlichen Substanzen und ist in unterschiedlicher Menge in tierischen Lebensmitteln enthalten.

Bereits im 19. Jhd. wurde es als Bestandteil von Gallensteinen entdeckt.

Reines Cholesterin ist eine weiße, bröckelige Substanz, ohne Geruch und Geschmack. Im menschlichen Körper dient das Cholesterin als Ausgangsmaterial für eine Reihe wichtiger Substanzen.

Es ist Strukturbestandteil von biologischen Membranen und ist zugleich Vorstufe für die Synthese von Hormonen, von Vitamin D und der Gallensäuren. Besonders viel Cholesterin findet man in der Haut (bis zu 24% des Hautfettes), im Gehirn, in den Nebennieren, in den Eierstöcken, in der Milz und im Blut.

Neben seiner normalen Funktion kann Cholesterin auch Ablagerungen an den Wänden der Blutgefäße bilden. Es entsteht die Atherosklerose (Gefäßverkalkung), die die häufigste Ursache für Herz-Kreislauf-Erkrankungen ist. Wenn diese Ablagerungen so massiv sind, daß die Durchblutung einer Arterie gestört oder ganz unterbrochen ist, kann ein Herzinfarkt oder Schlaganfall die Folge sein.

<u>Das Cholesterin im menschlichen Organismus stammt aus 2 Quellen:</u>

<u>1. Aus der Nahrung:</u> das Cholesterin wird zusammen mit anderen Fetten aus dem Darm ins Blut aufgenommen und zur Leber transportiert. Hier wird es z. T. in Gallensäuren umgewandelt, die bei der Fettverdauung im Darm eine entscheidende Rolle spielen.

<u>2. Durch körpereigenen Aufbau:</u> auch wenn mit der Nahrung kein Cholesterin aufgenommen wird (zum Beispiel bei strengen Vegetariern) können alle Körperzellen selbst Cholesterin aus anderen Stoffen aufbauen, um den Bedarf des Körpers zu decken.

Ein Überangebot an Nahrungscholesterin führt zu einer begrenzten Einschränkung der endogenen Synthese (im Körper stattfindender Aufbau) in der Leber, weiters wird vermehrt Cholesterin zu Gallensäuren umgebaut und in dieser Form vermehrt ausgeschieden.

Die Menge des Cholesterins im Blut ist also das Resultat der Balance von Aufnahme und Ausscheidung oder, anders ausgedrückt, von dem im Körper hergestellten Cholesterin und dem Cholesterin, das wir mit der Nahrung aufnehmen, und der Ausscheidung mit dem Stuhl.

Eine ballaststoffreiche Ernährung kann ebenfalls zu einer Senkung des Cholesterinspiegels beitragen. Ballaststoffe im Darm binden die Gallensäuren. Dadurch wird dem Körper auf natürliche Art Cholesterin entzogen.

Die folgende Tabelle veranschaulicht den durchschnittlichen Cholesteringehalt einiger Nahrungsmittel:

CHOLESTERINGEHALT AUSGEWÄHLTER LEBENSMITTEL

	mg/100g
Aal	142 mg
Backsteinkäse, 40% Fett	90 mg
Beuschel vom Rind	350 mg
Bierschinken	85 mg
Bisquit, gebacken	202 mg
Bockwurst	100 mg
Brathuhn	81 mg
Bratwurst	100 mg
Briekäse (Rahmbrie), 50% F. i.T.	100 mg
Brühwürstchen	100 mg
Butter	240 mg
Butterkäse, 50% F. i.T.	98 mg
Butterschmalz	340 mg
Camembertkäse, 45% F. i.T.	62 mg
Chesterkäse (Ceddarkäse), 50% F. i.T.	100 mg
Doppelrahmfrischkäse, 60% F. i.T.	103 mg
Edamerkäse, 45% F. i.T.	96 mg
Ei	548 mg
Frühstücksspeck	100 mg
Goudakäse, 45% F. i.T.	114 mg
Hasenfleisch	65 mg
Hering	85 mg
Herz	145 mg
Hirn	2050 mg
Hirsch	110 mg
Huhn	75 mg
Hummer	182 mg
Kalbsbratwurst	100 mg
Kaviar (russischer Kaviar)	300 mg
Krabben, aus der Dose	150 mg
Leber	316 mg
Leberkäse	85 mg
Leberpastete	85 mg
Lebertran	850 mg
Makkaroni (Eierteigwaren)	94 mg
Makrele, geräuchert	70 mg
Margarine (Standardmargarine)	115 mg

Miesmuschel	150 mg
Münchner Weißwurst	100 mg
Niere	373 mg
Ölsardinen	140 mg
Pilgermuschel	188 mg
Topfen, 40% F. i.T.	188 mg
Rahmbrie (Briekäse), 50% F. i.T.	100 mg
Rehfleisch	110 mg
Rindfleisch	78 mg
Salamiwurst	85 mg
Schinken, gesalzen, gekocht	85 mg
Schlagobers, mind. 30% Fett	109 mg
Schweinefleisch	72 mg
Speck, fett	100 mg
Vollmilchpulver	97 mg
Wiener Würstchen	100 mg

Cholesterin — Fettstoffwechsel

Weil Cholesterin wasserunlöslich ist und deshalb im Blut nicht transportiert werden könnte, wird es von der Leber in »Fett-Eiweiß-Pakete«, sogenannte Lipoproteine verpackt. Deshalb spricht der Arzt bei zu hohem Cholesterinspiegel auch von einer Hyper-(=zuviel)lipoproteinämie.

Lipoproteine werden anhand ihrer Größe, Dichte und dem Fett-Eiweiß-Anteil eingeteilt:

- **Chylomikronen:** sie bestehen hauptsächlich aus den mit der Nahrung aufgenommenen Fetten. Sie haben einen großen Fettanteil und einen kleinen Eiweißanteil und somit sind es Lipoproteine mit niedrigster Dichte.
- **VLDL (Very low density lipoproteins):** sie transportieren vorwiegend die in der Leber aus Zucker hergestellten Fette und enthalten relativ wenig Cholesterin.
- **LDL (low density lipoproteins):** sie haben auch noch eine geringe Dichte, sind aber mit viel Cholesterin beladen.
Die LDL-Partikel beliefern die Körperzellen mit Cholesterin und lagern dabei auch einen Teil davon an den Arterienwänden ab.
Je mehr LDL im Blut ist, desto schneller entwickelt sich die Atherosklerose. Eine Kost mit einem hohen Anteil an gesättigten Fettsäuren, wie sie in Butter und sonstigen tierischen Fetten enthalten sind, führt zu einem Ansteigen der LDLs.
- **HDL (high density lipoproteins):** hier handelt es sich um Partikel mit einer hohen Dichte. Sie wirken als Gegenspieler zum LDL, da sie den Abtransport von Cholesterin aus den Zellen und aus den Gefäßwänden beschleunigen. Von ihnen wird das Cholesterin zurück in die Leber transportiert und dort abgebaut (z. B. zu Gallensäuren). Sie werden deshalb auch als »Straßenfeger — Lipoprotein« oder als »gutes Cholesterin« bezeichnet.

URSACHEN EINES HOHEN CHOLESTERINSPIEGELS

1. Endogene Faktoren

Die LDL-Partikel werden vom Blut über spezielle LDL-Rezeptoren, die an der Leber und an den peripheren Zellen (Fett- und Muskelzellen) sitzen, aufgenommen und transportieren so das Cholesterin in die Zellen.

Rezeptoren sind spezialisierte Membranproteine, die in der Lage sind, das im Blut zirkulierende LDL-Partikel zu binden und in die jeweilige Zelle einzuschleusen.
Durch diesen Mechanismus bleibt die Konzentration an Cholesterin in den Zellen konstant und Cholesterin steht für die weitere Verwendung zur Verfügung.
Ein rascher Abtransport aus dem Blut wirkt auch der Entstehung der Atherosklerose entgegen.
Ein LDL-Rezeptormangel verhindert also die Aufnahme von LDL in die Leber und in die Zellen, dadurch wird die körpereigene Cholesterinproduktion angeregt. Als Folge befinden sich sehr viele LDLs im Blut und durch dieses Überangebot wird Cholesterin in den Gefäßen abgelagert.

Ein erblich bedingter Rezeptormangel ist für eine schwere Krankheit, die familiäre Hypercholesterinämie, verantwortlich.

Für die Entdeckung und Aufklärung der LDL-Rezeptoren bekamen die beiden Professoren Goldstein und Brown 1985 den Nobelpreis für Medizin und Physiologie.

2. Exogene Faktoren

Zu den wichtigsten von außen kommenden Faktoren gehören die Ernährungsgewohnheiten mit der übermäßigen Aufnahme von Cholesterin und gesättigten Fettsäuren aus tierischen Produkten.

Die durchschnittliche Cholesterinaufnahme pro Tag beträgt 600 bis 700 mg Cholesterin, sie sollte aber den Wert von 300 mg pro Tag nicht überschreiten. Wird regelmäßig viel Cholesterin aufgenommen, so häuft es sich in den Leberzellen an. Dadurch wird die LDL-Rezeptor-Synthese gehemmt und durch den relativen Rezeptormangel steigt der LDL-Spiegel im Blut.

Der Cholesterinspiegel wird erhöht durch:

— gesättigte Fettsäuren
— ballaststoffarme Kost

Der Cholesterinspiegel wird gesenkt durch:

— ungesättigte (besonders mehrfach ungesättigte) Fettsäuren
— ballaststoffreiche Kost.

RICHTLINIEN für die Beurteilung des Cholesterinspiegels bezüglich des Atheroskleroserisikos

Erhöhte Blutfettwerte (Hyperlipidämie, Hyperlipoproteinämie) erhöhen zusammen mit anderen Risikofaktoren, wie z. B. Rauchen und Bluthochdruck, die Gefahr, an Atherosklerose zu erkranken.

Im März 1988 wurden von der Österreichischen Cholesterin-Konsensuskonferenz folgende einheitlichen Richtlinien zur Bewertung des Atheroskleroserisikos festgelegt:

Die Normalwerte für den Blutspiegel an Gesamtcholesterin sind altersabhängig: unter dem 20. Lebensjahr: weniger als 160 mg/dl
ab dem 20. Lebensjahr: unter 200 mg/dl.

Als risikoreich gelten Konzentrationen zwischen 200 und 250 mg/dl Gesamtcholesterin.

Bei der Bestimmung des Blutcholesterinspiegels wird zumeist der Gesamtcholesterinspiegel gemessen. Befindet sich der Wert im Risikobereich, sollten LDL und HDL getrennt bestimmt werden.

Es kommt vor, daß manche Menschen einen sehr hohen HDL-Spiegel haben, was ja eigentlich gut ist. Durch diesen hohen HDL-Spiegel erscheint aber auch das Gesamtcholesterin erhöht, das spielt in diesem Fall keine Rolle.

Für HDL und LDL gelten folgende Richtlinien:

HDL sollte nicht unter 35 mg/dl liegen,
der LDL-Spiegel ist normal bis 130 mg/dl, er sollte nicht über 160 mg/dl liegen.

Als Risikobereich gelten hier LDL-Konzentrationen zwischen 130—160 mg/dl.

Werte über 250 mg/dl Gesamtcholesterin und LDL über 160 mg/dl können als sehr hohes Risiko eingestuft werden.

Beurteilung des Cholesterinspiegels:

Alter		wünschenswerter Bereich	Risiko	hohes Risiko
unter 20 Jahre	Cholesterin	unter 160	160 — 190	über 190
	LDL	unter 100	100 — 130	über 130
ab 20 Jahre	Cholesterin	unter 200	200 — 250	über 250
	LDL	unter 130	130 — 160	über 160

Eine Cholesterinsenkung um 1% reduziert das Risiko, eine Herz-Kreislauf-Erkrankung zu erleiden, um 2%!

Das Koronarrisiko steigt mit der Höhe des Cholesterinspiegels (ab 180 mg/dl) und verdoppelt sich im Bereich zwischen 200 und 250 mg/dl.

Bei bereits vorhandener Atherosklerose führt die Senkung des Gesamtcholesterins unter 180 mg/dl zu einer Rückbildung.

ATHEROSKLEROSE

Bei der Atherosklerose handelt es sich um Veränderungen in der Wand der Blutgefäße, die durch die Ablagerung von Fettstoffen zustande kommt.

Die Folge ist eine Einengung des Gefäßes, die zu einer mangelnden Blutversorgung bestimmter Körperbereiche führt.

Später führen Kalkeinlagerungen zur Verhärtung der Gefäßwand und zum Elastizitätsverlust des Gefäßes. Vergleichbar mit einem alten Wasserrohr, in dem sich Schicht um Schicht Kalk ablagert.

Betroffen sind bevorzugt die Gefäßbereiche des Herzens und des Gehirns, aber auch die Niere.

Im Herzen führt die Atherosklerose zum Herzinfarkt, im Gehirn zum Schlaganfall und in den Nieren zum Nierenversagen.

Man weiß seit langem, daß vor allem die Zufuhr von Fettsubstanzen (Cholesterin) für die Entstehung der ausgeprägten Atherosklerose verantwortlich zu machen ist.

Weiters fördern Rauchen und Bluthochdruck (Hypertonie) die Entstehung der Arterienverkalkung.

Die Zuckerkrankheit und deutliches Übergewicht sind ebenfalls als Risikofaktoren anzuschuldigen.

Die atherosklerotische Veränderung ist nicht an ein bestimmtes Alter gebunden. Bereits bei Neugeborenen und Kleinkindern finden wir eine sehr frühe Schädigungsform des Gefäßsystems, die sogenannten Fettstreifen.

Es ist seit langem bekannt, daß das Ernährungsverhalten in enger Beziehung zum Auftreten der Atherosklerose steht. Es ist vor allem der sogenannte »westliche Ernährungstyp«, der in diesem Zusammenhang zu erwähnen ist.

Unter westlichem Ernährungstypus versteht man eine fett- und kohlenhydratreiche Ernährung, wie sie typischerweise in den USA konsumiert wird.

Aber auch die Zusammensetzung unserer Ernährung ist vielfach als zu fett zu bezeichnen!

Dagegen haben die Japaner mit ihrer fettarmen Kost deutlich weniger Todesfälle an Herzinfarkt. Ihr durchschnittlicher Gesamtcholesterinspiegel liegt aber auch bei 175 mg/dl, unserer hingegen bei durchschnittlich 225 mg/dl.

Auch die Eskimos haben eine sehr geringe Sterblichkeit an Herz-Kreislauf-Erkrankungen, obwohl sie täglich etwa 400 g fette Meeresfische zu sich nehmen.

Fische, die im kalten, tiefen Meereswasser leben (Makrelen, Lachs, Sardinen) enthalten in hoher Konzentration langkettige, mehrfach ungesättigte Fettsäuren, die sogenannten Omega-3-Fettsäuren. Diese Omega-3-Fettsäuren könnten der Atheroskleroseentstehung entgegenwirken.

Daraus ergibt sich die Forderung, daß mindestens zwei bis drei Fischmahlzeiten pro Woche auf dem Speiseplan stehen sollten.

ATHEROSKLEROSE — kann man da überhaupt noch etwas tun?

Man kann, aber der Lebensstil der Patienten muß sich dem gesundheitlichen Problem anpassen.

Dazu einige praktische Hinweise:

- Gewichtsreduktion sofern Übergewicht besteht.
- Auch wenn kein Übergewicht besteht: möglichst wenig Fett und fettreiche Speisen konsumieren. Vor allem auf den Cholesteringehalt von Speisen und Lebensmitteln achten.
- Speisen und Lebensmittel, die viel Cholesterin enthalten, sind vollkommen zu meiden.
- Da die gesättigten Fettsäuren einen ungünstigen Einfluß auf den Cholesterinspiegel haben, sollten tierische Fette (wie in Butter, Schmalz oder fettem Käse) durch pflanzliche Fette, die mehrfach ungesättigte Fettsäuren enthalten, ersetzt werden.
- Sichtbares Fett kann man leicht vermeiden, man muß aber auch an das »unsichtbare« Fett (z. B. in Wurst, Käse oder Mehlspeisen) denken.

HERZINFARKT

In der Ernährungsfibel des Bundesministeriums für Gesundheit und Umweltschutz beschreibt Prof. Dr. Karl Irsigler die organischen Grundlagen eines Herzinfarktes so:

Das gesunde Herz ist eine äußerst leistungsfähige Muskelpumpe, die in Ruhe etwa 5 Liter Blut pro Minute fördern kann. Um diese beträchtliche Arbeitsleistung zu vollbringen, muß die Herzmuskulatur sehr gut mit Blut versorgt sein. Ein dafür eigens ausgebildetes Gefäßsystem, das der Herzkranzgefäße, bringt an die Herzmuskulatur Nährstoffe und Sauerstoff in ausreichender Menge heran.

Die zum Herzinfarkt führende Erkrankung besteht nun in der atherosklerotischen Wandschädigung der Herzkranzgefäße. Sie verlieren ihre Elastizität, sie erleiden Verengungen. Wenn mehr als 70 % der Gefäßlichtung verschlossen sind, kommt es zu einer bedrohlichen Mangelsituation.

Bei einem kompletten Gefäßverschluß aber ist die Herzmuskulatur eines bestimmten Gefäßgebietes zum Absterben verurteilt. Dann tritt das ein, was wir Herzinfarkt nennen. Ein Teil der Muskelmasse stirbt ab, es entsteht eine lebensbedrohliche Situation: Entweder kommt es zur Herzschwäche, oder zu einer elektrischen Störung der Erregungsbildung im Herzen, die zum Flimmern des Herzens oder zum Herzstillstand führt.

Der Herzinfarkt ist der letzte Akt in einem Drama, welches Jahre hindurch und unter Umständen unmerklich für den Betroffenen abläuft. Diese gefährliche Entwicklung aber kann und muß möglichst früh erkannt und gestoppt werden.

RISIKOFAKTOREN für den Herzinfarkt nach Heyden

1. Hypercholesterinämie
2. Rauchen
3. Bluthochdruck
4. Diabetes mellitus
5. Gicht
6. Übergewicht

Grundsätzlich wird zwischen sogenannten primären Risikofaktoren (Risikofaktor 1. Ordnung), die alleine einen Herzinfarkt oder Schlaganfall auslösen können, und sekundären Risikofaktoren (Risikofaktor 2. Ordnung), die in Kombination mit anderen Risikofaktoren oder bei langer Exposition Herzinfarkt oder Schlaganfall auslösen können, unterschieden.

Die bedeutendsten Risikofaktoren sind Hypercholesterinämie, Rauchen und Bluthochdruck. Zu den Risikofaktoren 2. Ordnung zählen Übergewicht, Bewegungsmangel, Diabetes mellitus, Gicht und Streß.

Für die Verhütung von Herzinfarkt und die Reduzierung der Risikofaktoren gibt es Empfehlungen der Weltgesundheitsorganisation, die bereits 1982 von führenden Experten zusammengestellt wurden:

- Verringerung der Fettzufuhr und Abbau von deutlichem Übergewicht
- Regelmäßige Kontrolle und Normalisierung des Blutdruckes.
- Begrenzung der Salzzufuhr.
- Tabakabstinenz.
- Vermehrte körperliche Bewegung.
- Geringer Alkoholkonsum, da dieser in großen Mengen mit einem erhöhten Herzinfarktrisiko verbunden ist.
- Frauen, die orale Kontrazeptive (Pille) nehmen, müssen wissen, daß sie einem erhöhten Herzinfarkt-Risiko ausgesetzt sind, vor allem, wenn sie gleichzeitig rauchen.

RAUCHEN

In Österreich rauchen etwa 30 Prozent der Bevölkerung. Der Anteil der rauchenden Frauen (21,3 Prozent) liegt noch deutlich unter dem der Männer (40 Prozent), ist aber im Steigen.

Dissonante Raucher

60 Prozent der österreichischen Raucher sind mit ihrem Verhalten unzufrieden, wollen es ändern, rauchen aber dennoch weiter. Man nennt sie »dissonante« Raucher.
Im Gegensatz dazu stehen die »konsonanten« Raucher, die ihr Risiko kennen und akzeptieren und die Gefährdung gleichsam in Kauf nehmen.

Tabak-assoziierte Erkrankungen

Zu den tabak-assoziierten Erkrankungen gehören Lungenkrebs, Kehlkopf-, Lippen-, Mundhöhlen-, Bauchspeicheldrüsenkrebs, weiters Magen- und Zwölffingerdarmgeschwür u. a.
Der Lungenkrebs gehört zu den häufigsten und leider auch zu den gefährlichsten Tumorerkrankungen. Da er meist erst in späten Entwicklungsstadien entdeckt wird, sind die Heilungschancen gering. Am Anfang der Krebserkrankung steht oft eine chronische Bronchitis.
Das erhöhte Risiko der Raucher, an Lungenkrebs zu erkranken, verringert sich kontinuierlich, wenn das Rauchen beendet wird.
90 Prozent aller Lungenkrebs-Todesfälle sind auf das Tabakproblem zurückzuführen.
Neben den angeführten Erkrankungen stellt das Rauchen einen wichtigen Faktor für die Entstehung von Herz-Kreislauf-Erkrankungen dar.
Für die pathologischen Veränderungen beim Tabakkonsum ist vor allem das Kohlenmonoxid verantwortlich. Neben Störungen bei der Blutgerinnung hat es einen beachtlichen Einfluß auf den Fettstoffwechsel:
Es kommt zur Erhöhung des Gesamtcholesterins und des LDL-Cholesterins sowie zur Verminderung der HDL-Fraktion.
Herzinfarktfördernd bzw. -auslösend ist die Verminderung der Sauerstoffsättigung des Blutes und die Steigerung der Herzfrequenz und des Blutdruckes.
Besonders herzinfarktgefährdet sind jüngere Raucher.
Rauchende Frauen unter 50 Jahren haben das 4,6fache Herzinfarktrisiko, bei einem Zigarettenkonsum unter 15 Stück pro Tag das 4,4fache, verglichen mit Nichtraucherinnen.
Noch höher ist die Wahrscheinlichkeit einen Schlaganfall zu erleiden: Raucherinnen haben das 5,7fache Schlaganfallrisiko von nichtrauchenden Frauen.
Eine Risikopotenzierung bewirken orale Kontrazeptiva (Pille): bei gleichzeitigem Konsum von mehr als 25 Zigaretten täglich haben Frauen das 39fache Herzinfarktrisiko und das 22fache Schlaganfallrisiko.

Abhängigkeit

Der Körper kann eine mehr oder weniger starke Abhängigkeit vom Rauchen entwickeln. Die Ursache dafür liegt unter anderem im Nikotingehalt des Tabaks. Der Körper hat sich an die täglichen Dosen von Nikotin gewöhnt.
Bei Einstellung des Rauchens kann das Fehlen von Nikotin unangenehme Begleiterscheinungen auslösen, wie z. B. starkes Verlangen nach Tabak, Nervosität, Gereiztheit, Konzentrations- und Schlafstörungen.
Dieses Problem läßt sich bei der Entwöhnung durch ein Medikament verhindern: durch den »Nikotinkaugummi«. Das enthaltene Nikotin wird beim Kauen langsam freigesetzt und es entsteht ein Nikotinspiegel im Blut.
Sinn dieses Medikamentes ist, daß man sich ganz auf die Überwindung der Gewohnheit konzentrieren kann, ohne gegen die Nikotinentzugserscheinungen kämpfen zu müssen.

Testen Sie Ihre Nikotinabhängikeit!

Kreuzen Sie an, was auf Sie zutrifft und addieren Sie dann Ihre Punkte. Je mehr Punkte Sie haben, desto mehr hilft der Nikotinkaugummi, wenn Sie mit dem Rauchen Schluß machen wollen.

Haben Sie schon vergeblich versucht, mit dem Rauchen aufzuhören?

JA 1
NEIN 0

Rauchen Sie Ihre erste Zigarette innerhalb von 30 Minuten nach dem Aufstehen?

JA 1
NEIN 0

Ist es für Sie schwierig, das Rauchverbot an gewissen Orten einzuhalten, z. B. in der Straßenbahn, im Kino, im Theater usw.?

JA 1
NEIN 0

Verzichten Sie auf die erste Zigarette am Morgen am schwersten?

JA 1
NEIN 0

Wieviele Zigaretten rauchen Sie am Tag?

Weniger als 15 0
16 — 25 1
mehr als 25 2

Rauchen Sie am Morgen mehr?

JA 1
NEIN 0

Rauchen Sie, wenn Sie bettlägerig sind?

JA 1
NEIN 0

Wie hoch ist der Nikotingehalt Ihrer Zigarettenmarke?

Weniger als 0,8 mg 0
0,9 — 1,1 mg 1
mehr als 1,2 mg 2

Inhalieren Sie?

Nie 0
Ab und zu 1
Immer 2

---

0 — 3 Punkte = schwach abhängig
4 — 6 Punkte = abhängig
mehr als 7 Punkte = stark abhängig

Tips für entwöhnungswillige Raucher

- Raucher, die nicht sofort mit dem Zigarettenkonsum Schluß machen können, sollen zunächst ein Raucherprotokoll führen.

  Das heißt, über jede Zigarette muß genau Buch geführt werden — Datum, Uhrzeit und Beschäftigung zum gegebenen Zeitpunkt kommen in ein Notizbuch.

  Der Raucher lernt dadurch, in welchen Situationen er besonders oft zur Zigarette greift.

  Damit hat er schon halb gewonnen, denn die Reizbedingungen lassen sich durch Kontrolle abbauen.

- Auf jeden Fall muß man aber den Tag »X« festlegen und ab diesem Zeitpunkt keine Zigarette mehr angreifen.

  Für erreichte Ziele in der Entwöhnungsphase sollte man sich selbst kleine Belohnungen aussetzen.

- Bei Nikotinabhängigkeit Verwendung des Nikotinkaugummis.

  Es bewirkt auch eine alternative Betätigung des Mundes.

- Möglichst viele Personen im Bekanntenkreis vom Vorhaben informieren — dann überlegt man sich das »Umfallen« schon sehr genau.

  Allerdings: Rückfälle sind einzukalkulieren und sollten keine Resignation nach sich ziehen.

  Ruhig einen neuen Anlauf nehmen und auf jeden Tag gebührend stolz sein, den man ohne Zigarette durchsteht.

- Verzicht auf Zigaretten in ganz bestimmten Situationen, um zu merken, daß man diese Situation auch ohne Glimmstengel übersteht.

- Viel Wasser, Tee oder Mineralwasser trinken — das dämpft erfahrungsgemäß das Verlangen nach einer Zigarette (hingegen regt Kaffee wahrscheinlich aus Gewohnheitsgründen dieses Verlangen eher an).

- Früher schlafen gehen als üblich.

- Motive für eine Entwöhnung sammeln: Den Kindern kein schlechtes Vorbild geben, finanzielle Gründe (ein Raucher verraucht durchschnittlich 10.000 Schilling im Jahr), sportliches Interesse (Entwöhnungspatienten hilft übrigens Sport auch beim Vorhaben, von den Zigaretten loszukommen).

HYPERTONIE (BLUTHOCHDRUCK)

Bluthochdruck zählt zu den primären Risikofaktoren und stellt eine lautlose Gefahr dar.
Im Gegensatz zu vielen anderen Erkrankungen verläuft die Hypertonie lange Zeit ohne Symptome, das heißt, man spürt nichts.

Dennoch ist die ständige Überlastung des Herzens und des Gefäßsystems geeignet, Abnützungserscheinungen hervorzurufen.

Durch den ständigen Überdruck verengen und verhärten sich die Arterien. Die Blutgefäße werden unelastisch und die Durchblutung der Organe wird behindert.

Der Bluthochdruck wird wiederum von einer Reihe von Risikofaktoren ausgelöst, die somit indirekt zur Entwicklung der Atherosklerose beitragen:
Im Vordergrund stehen erbliche Veranlagung, Übergewicht, erhöhter Kochsalzkonsum, übermäßiger Alkoholgenuß, Zigarettenmißbrauch und Bewegungsmangel.

Ab wann ist der Blutdruck zu hoch?

Der »normale« Blutdruck des jungen Menschen liegt bei 120/80 mmHg. Die Weltgesundheitsorganisation (WHO) betrachtet Blutdruckwerte bis 140/90 mmHg als normal.

Von Hypertonie spricht man, wenn der systolische (obere) Wert ständig über 160 mmHg liegt und/oder der untere (diastolische) ständig über 95 mmHg.

Besondere Bedeutung hat auch die »Milde Hypertonie«, bei normalen oberen Werten, ist der diastolische Wert zwischen 90 bis 104 mmHg.

Etwa 10 bis 20 Prozent der erwachsenen Bevölkerung weisen bei gelegentlichen Messungen erhöhte Blutdruckwerte auf. Auch die Patienten mit milder Hypertonie, bei der relativ geringen Erhöhung des Blutdruckes, unterliegen aber einem erhöhten Risiko für Herz-Kreislauf-Erkrankungen.

Aus diesem Grund scheint die »Milde Hypertonie« unbedingt behandlungswürdig. Besonders wichtig sind hier eine Anpassung des Lebensstils und der Eß- und Trinkgewohnheiten.

Blutdruckmessen:

Den Druck, mit dem das Blut vom Herzen in den Blutkreislauf gepumpt wird, kann man messen:
Dazu legt man eine Manschette um den Oberarm und pumpt sie so stark auf, daß die Schlagader zusammengedrückt wird und kein Blut mehr durch sie durchfließen kann. Der Puls ist nicht mehr zu fühlen und das Blutgeräusch kann mit dem Hörrohr nicht mehr gehört werden. Nun wird aus der Manschette so lange Luft ausgelassen, bis das Blutgeräusch gerade wieder hörbar wird.

Das ist der Moment, in dem der Luftdruck in der Manschette so hoch ist wie der Blutdruck in der Schlagader. An der Manschette ist ein Druckmesser (Manometer) angeschlossen, und der zeigt jetzt den Wert an, den man als den systolischen Blutdruck bezeichnet.

Läßt man nun weiter Luft aus der Manschette ab, so wird das Blutgeräusch wieder leiser und verschwindet schließlich.

Der Wert, den das Manometer der Manschette anzeigt, wenn das Blutgeräusch gerade verschwindet, ist der diastolische Blutdruck (dieser ist natürlich niedriger als der systolische).

Bei elektronischen Meßgeräten ist das Hörrohr durch einen Sensor ersetzt, der die beiden Blutdruckwerte durch Ton- und Lichtzeichen anzeigt.

Behandlung des hohen Blutdruckes

Grundsätzlich kann man die Hypertonie mit Medikamenten und durch Anpassung des Lebensstils und der Konsumgewohnheiten behandeln.

Die Behandlung ist aber keine Sache von heute auf morgen. Es müssen, zumindest über einen längeren Zeitraum, täglich Medikamente eingenommen werden.

Es gibt eine große Zahl von Medikamenten zur Behandlung der Hypertonie.

Sie unterscheiden Sie dadurch, daß Sie auf verschiedene Organe oder Lebensvorgänge im menschlichen Körper einwirken: zum Beispiel auf das Nervensystem, auf Herz, Gefäße und Niere.

Die Auswahl des am besten geeigneten Präparates ist ausschließlich Sache des Arztes, der mit ihnen genau besprechen wird, welches Medikament Sie wann und wie oft einnehmen sollen.

Halten Sie sich bitte unbedingt an seine Verordnung! Das ist die erste Voraussetzung für eine erfolgreiche Behandlung.

Bei der nichtpharmakologischen Blutdrucksenkung stehen nach Professor Heyden folgende nach der Wichtigkeit gereihte Maßnahmen zur Verfügung:

- Gewichtsreduktion
- Kochsalzeinschränkung
- Kaliumzufuhr
- Austausch von gesättigten Fetten gegen Pflanzen- und Fischöl
- Alkoholeinschränkung
- Vegetarische Lebensweise
- Ballaststoffzufuhr
- Kalziumzufuhr

Blutdruck und Bewegung

Nicht jede Bewegungsform ist einem Hochdruckkranken zu empfehlen. Da eine körperliche Leistung nur dann erbracht werden kann, wenn die Muskulatur ausreichend mit Sauerstoff versorgt wird, erfordert jede körperliche Aktivität eine Zunahme der Blutfördermenge durch das Herz und somit einen Anstieg des systolischen Blutdrucks.
Die durch körperliche Belastungen hervorgerufenen Blutdruckanstiege können jedoch sehr unterschiedlich ausfallen, je nachdem, wie die Muskulatur betätigt wird.

Empfohlene Sportarten nach I.-W. FRANZ:

Alle gut steuerbaren, dynamischen Sportarten mit der Beteiligung großer Muskelgruppen sind geeignet: schnelles Gehen, Langlaufen, Jogging, Radfahren, Schwimmen, Bergwandern und Gymnastik.
Weniger günstig sind zum Beispiel das Heben schwerer Gewichte und das Kraftraining, da es hier zu einem deutlich höheren Anstieg des systolischen Blutdrucks kommt, obwohl die Herzfrequenz im Vergleich zum Langlauf nur gering ansteigt.
Auch das Geräteturnen ist für den Blutdruck eher ungünstig.

Einschränkung des Kochsalzkonsums

Die Deutsche Liga zur Bekämpfung des hohen Blutdrucks hat festgestellt, daß übermäßiger Kochsalzkonsum den Bluthochdruck auslösen und aufrechterhalten kann.
Sowohl für die Verhütung der Entstehung der Hypertonie als auch bei der Behandlung ist es notwendig, den Salzkonsum, der bei uns im allgemeinen zu hoch ist, zu reduzieren.
Naturvölker und Vegetarier, deren Kost überwiegend kochsalzarm, aber kalium- und ballaststoffreich ist, haben im Durchschnitt einen um 10 bis 15 mmHg niedrigeren Blutdruck als die Bevölkerung der Industriestaaten.
Eine gemischte Kost enthält von Natur aus genügend Kochsalz, dennoch salzen wir unser Essen nach.
Es geht nicht nur um die Verringerung der Aufnahme von Kochsalz, sondern vor allem um das Natrium (die chemische Bezeichnung für Kochsalz lautet NaCl — Natriumchlorid). Es gibt auch weitere Natrium-Verbindungen, die gar nicht salzig schmecken und in unseren Lebensmitteln enthalten sind.
Deshalb Vorsicht bei manchen Mineralwässern, konservierten Lebensmitteln, Fertigprodukten, Wurst, aber auch Brot.
Als Alternative zum übermäßigen Salzkonsum steht die Verwendung von anderen Gewürzen, z. B. Knoblauch, Majoran, Paprika, Salbei, Basilikum, Thymian, Zwiebel . . .
Würzen Sie mit Kräutern und Gewürzen, verwenden Sie frische Zutaten und wählen Sie schonende Zubereitungsmethoden (Verwendung von Brat- und Alufolien, dämpfen, dünsten, garen im Römertopf), um den Eigengeschmack der Speisen zu erhalten.

ÜBERGEWICHT

Übergewicht und Fettsucht bedeuten ein gesteigertes Gesundheitsrisiko. Um das Übergewicht zu definieren, wird üblicherweise der BROCA-Index herangezogen:

Das **Normalgewicht** nach BROCA ist Körpergröße in Zentimeter minus 100. Ab einer 10prozentigen Überschreitung liegt **Übergewicht** vor.

Vom **Idealgewicht** spricht man, wenn das Normalgewicht um 10% (Männer) bzw. um 15% (Frauen) unterschritten wird.

Das sogenannte Idealgewicht wird aber aufgrund neuer wissenschaftlicher Untersuchungen gar nicht mehr als ideal angesehen und wurde durch das **Realgewicht** ersetzt:
Man orientiert sich am BROCA-Index (100) und berücksichtigt weiters folgende Faktoren:

- Liegt eine medizinische Notwendigkeit vor, zuzunehmen oder abzunehmen?
  Dafür kann es verschiedene Gründe geben, unter anderem:
- Es bestehen sogenannte Risikofaktoren für Herz-Kreislauf-Erkrankungen. Dazu zählen ja die erhöhten Blutfettwerte oder der Bluthochdruck, bei dessen Behandlung man sehr oft auch eine Gewichtsreduktion einsetzen muß.
- Es bestehen Abnützungserscheinungen am Bewegungsapparat (Gelenke, Bänder, Muskeln).
  Wenn man nach ärztlicher Konsultation ausschließen kann, daß eine Gewichtsabnahme oder -zunahme medizinisch notwendig ist, muß man noch andere Aspekte berücksichtigen:
- Welches Gewicht kann man mit den Lebens- und Ernährungsgewohnheiten tatsächlich konstant halten?

  Ein weiterer wesentlicher Punkt im Rahmen des Konzeptes von »Realgewicht« ist folgender:
- Welches Gewicht findet man am ehesten zur eigenen Person passend?

Ursachen des Übergewichtes

Die Ursachen, die zum Übergewicht führen, sind einerseits die überhöhte Energieaufnahme und andererseits die körperliche Inaktivität.

In dem Buch »Schlank ohne Diät« (Kunze, Schoberberger, Exel, 1985) werden einige »Typen« von Menschen beschrieben, die Gewichtsprobleme haben. Vielleicht kennen Sie jemanden mit ähnlichen Problemen, oder Sie erkennen sich selbst sogar ...

Die Kummeresser

Selbst die beste Diat hilft Leuten nichts, die aus purer Traurigkeit ununterbrochen in sich hineinessen. Bevor nicht die Wurzeln des Übels beseitigt sind, ist mit »Heilung« im Sinne einer Gewichtsreduktion nicht zu rechnen.

Die Zwischendurchesser

Egal, wie reichlich das Frühstück auch war — viele Leute verspüren schier unwiderstehliche Lust, vor dem Mittagessen noch einen kleinen Bissen zwischendurch zu essen. Oder zwei, oder fünf ...

Dadurch gerät die Nahrungsaufnahme völlig außer Kontrolle.

Die Resteverwerterin

Wir denken dabei vor allem an geplagte Hausfrauen, die nach jeder Mahlzeit schaudernd feststellen müssen, daß schon wieder die Hälfte übriggelassen wurde. Was soll nun mit den kostbaren Nahrungsmitteln geschehen? Zwei Drittel der Welt hungert — da wäre es doch ein Frevel, etwas wegzuwerfen!

Die Abendesser

»Was soll ich tun? Untertags komme ich wegen der Arbeit nicht zum Essen, und dann habe ich natürlich Bärenhunger, wenn ich heimkomme!«

So lauten die Klagen der typischen Abendesser, die zum Nachtmahl all das auf einen Sitz verzehren, was andere über den ganzen Tag verteilt essen, oder noch mehr.

Die Berufsesser

Wer beruflich viel mit Nahrungsmitteln zu tun hat, steht natürlich unter starkem psychischen Druck. Umzingelt von den leckersten Köstlichkeiten haben viele (verständlicherweise) nicht die Härte, »nein!" zu sagen. Sie naschen eben bei jeder der sich reichlich bietenden Gelegenheiten.

Die Streßesser

Ist das eine Hetzerei! Termine, Termine, Termine. Wie soll da Zeit fürs Essen bleiben? Zwischendurch ein paar Bonbons, ein paar Kekse — und schon kann man gestärkt weiterhasten.

Die Nascher

Sie sind vor allem daheim zu Hause (so komisch das klingt). In der gemütlichen Umgebung der eigenen vier Wände setzt man sich doch gerne hin, liest Zeitung und nascht dazu. Ja, was eigentlich? Ehrlich: Wissen Sie das immer? Meist ist es doch eine ziemlich gedankenlose Angelegenheit. Ob Süßigkeiten oder Knabbergebäck — alles schlägt an.

Die Fernsehesser

Ein dunkler Schatten huscht über den Bildschirm. Es ist der Würger, der jeden Augenblick wieder zuschlagen wird. Die atemlose Stille im TV-Zimmer wird nur durch rhythmische Kaugeräusche der gebannten Zuschauer gestört.

Auswirkungen des Übergewichtes

47 Prozent der österreichischen Bevölkerung sind übergewichtig, 28 Prozent leicht (BROCA-Index bis 120), 19 Prozent stark (BROCA-Index über 120).

Bei Pensionisten beträgt der Anteil 65 Prozent, bei Berufstätigen 46 Prozent, bei in Ausbildung Befindlichen hingegen nur 4 Prozent.

48 Prozent der Bevölkerung sind mit ihrem Gewicht zufrieden, aber 44 Prozent schätzen es zu hoch ein.

Warum 1,4 Millionen Österreicher über 20 Jahre übergewichtig sind, zeigt uns die Österreichische Ernährungsbilanz 1987/88:

Durchschnittlich verbraucht der Österreicher pro Tag 12.916 kJ.

46 Prozent der Gesamtenergie werden in Form von Fett zugeführt, wobei das unsichtbare Fett mit 62 Prozent sehr hoch liegt. Die größte Menge an unsichtbarem Fett wird durch Fleisch und Fleischprodukte (38 Prozent) und Milch und Milchprodukte (14 Prozent) konsumiert.

Der P/S-Quotient der Ernährung liegt bei 0,31, sollte aber bei 1 liegen.

42 Prozent der Energiezufuhr werden durch Kohlenhydrate gedeckt. Hier stehen aber die Einfachzucker im Vordergrund.

Die restlichen 12 Prozent der Energiezufuhr liefert das Eiweiß, wobei noch immer fast zwei Drittel tierisches Eiweiß aufgenommen wird.

Übergewicht belastet!

Vorerst wird der Bewegungs- und Stützapparat besonders überfordert. Das die Körperlast tragende System — Knochen, Bänder, Muskeln — wird durch jedes überflüssige Kilo an Körpergewicht mehr belastet und damit einer rascheren Abnützung ausgesetzt.

Speziell an den sogenannten tragenden Gelenken, den Hüft-, Knie- und Sprunggelenken, kommt es frühzeitig zu Knorpelschäden, die den Mechanismus der Arthrose mit nachfolgenden Knochenveränderungen in Gang setzen. So sieht man bei Übergewichtigen häufiger Hüft- und Gelenksarthrosen als bei Normalgewichtigen.

Übergewicht bedeutet weiters eine Überlastung der tragenden Knochen, vor allem der Wirbelsäule.

Die zweite wesentliche Überforderung durch Übergewicht betrifft das Herz-Kreislauf-System. Jedes Gewebe des Körpers muß durch dieses Transportsystem mit Nährstoffen versorgt und von den Stoffwechselprodukten befreit werden.

Jedes zusätzliche Kilo bedeutet daher eine Mehrarbeit des Herzens. Und dieses Herz ist bei Fettleibigen in seiner Aktivität eingeschränkt, da Fetteinlagerungen zwischen den einzelnen Herzmuskelfasern deren Anspannung behindern.

Außerdem ist Übergewicht sehr häufig mit Fettstoffwechselstörungen verbunden, die ihrerseits Herz und Kreislauf überfordern.

Das gleiche gilt auch für Bluthochdruck, der bei Korpulenten ebenfalls wesentlich häufiger auftritt als bei Schlanken.

Er steht einerseits mit den Gefäßabnützungen in enger Verbindung und stellt mit seinen Folgekrankheiten, dem Herzinfarkt oder Schlaganfall eine besondere Gefahrenquelle dar.

Übergewicht und Zuckerkrankheit treten sehr häufig gemeinsam auf. Dies gilt vor allem für den Diabetes mellitus vom Typ II, der etwa nach dem vierzigsten Lebensjahr auftritt und deshalb früher als Altersdiabetes bezeichnet wurde.

Eine weitere, offensichtlich durch zu reichliche Ernährung zunehmende Stoffwechselerkrankung ist die Harnsäurestoffwechselkrankheit, besser bekannt unter dem Namen »Gicht«.

Die Liste der Gefahren durch Übergewicht ist damit noch keineswegs abgeschlossen.

An den bisher noch nicht angeführten Organen kommt es generell zu Überforderungen oder Schädigungen mit mehr oder weniger Krankheitswert.

Man kann kaum ein Organ oder ein Gewebe ausschließen, und somit darf Übergewicht keineswegs verharmlost werden.

Es gibt so viele Diäten!

- kohlenhydratarme Diäten
- kohlenhydratreiche, fettarme Diäten
- ballaststoffreiche Diäten
- sonstige Dätformen

Kohlenhydratarme Diäten (z. B. Atkins-Diät) sind bei längerer Anwendung gesundheitlich nicht unproblematisch.

Kohlenhydratreiche, fettarme Diäten (z. B. Kartoffel-Diät, Nudel-Diät, Reis-Diät) gibt es in großer Zahl.

Bei kurzfristiger Anwendung handelt es sich um gesundheitlich weitgehend unbedenkliche Diätformen.

Längerfristig ist aber jede einseitige Ernährung zu vermeiden. Es kommt während dieser Kuren auch nicht zu einer grundsätzlichen Veränderung der Essensgewohnheiten. Eine neuerliche Gewichtszunahme nach Beendigung der Kur ist daher leicht möglich.

Ballaststoffreiche Diäten sind eine moderne Form zur Gewichtsreduktion, die auch andere ernährungsphysiologische Vorteile bietet.

Auch in diesem Fall muß eine vernünftige Vorgangsweise eingehalten werden und z. B. ausreichend getrunken werden.

Ein neuer Trend: »Schlank ohne Diät«

Bei dem am Institut für Sozialmedizin der Universität Wien entwickelten Programm »Schlank ohne Diät« gibt es grundsätzlich keine verbotenen oder besonders empfohlenen Speisen. Das Ziel dieser Methode ist vielmehr bewußtes, kontrolliertes Essen. Das »Schlank ohne Diät«-Programm wird in Form von Gruppenberatungen durchgeführt.

Das besondere an dieser Methode aber ist, daß es nicht darum geht, eine bestimmte Zeit lang nach einer besonderen Diät zu leben, sondern die Eßgewohnheiten insgesamt umzustellen. So kehren die abgespeckten Kilos nicht unverzüglich zurück, weil man in den alten Trott verfallen ist.

Diverse Studien haben gezeigt, daß man mit »Schlank ohne Diät« nicht nur schlank wird, sondern auch schlank bleibt. Das Ziel dieser Methode ist vielmehr bewußtes, kontrolliertes Essen.

Dabei hilft einem eine Art »Buchhaltung«:

Die Essens-/Bewegungskarte

Name: Datum:

Zeit	Essen – Speisen und Getränke	Joule	Bewegung Min.	mal	Joule
				GR. 1	
				x 10	
				GR. 2	
				x 15	
				GR. 3	
				x 20	
				GR. 4	
				x 30	
				GR. 5	
				x 40	

Tages-Joule-Wert (= Essen-Joule minus Bewegungs-Joule) [ ] Essen-Joule [ ] Bewegungs-Joule [ ]

Links tragen Sie ein, was Sie essen und trinken. Damit Sie ein bißchen mehr Information über die eigenen Eßgewohnheiten erhalten, notieren Sie jedesmal, wenn Sie zu etwas Eß- oder Trinkbarem greifen, die Uhrzeit.

Damit Sie ausrechnen können, müssen Sie zweierlei berücksichtigen.

Erstens ist es wichtig, auch das Gewicht der einzelnen Portionen festzuhalten. Das heißt, am Beginn wird es notwendig sein, hin und wieder die Küchenwaage zu Rate zu ziehen; Geübtere können sich später auf ihre Schätzung verlassen.

Zweitens brauchen Sie eine Jouletabelle. Wenn Sie so etwas nicht schon zu Hause haben, sollten Sie sich diese Investition leisten und sich diesbezüglich ein gut übersichtliches Nachschlagewerk beschaffen.

Und nun zur rechten Seite Ihrer Essens-/Bewegungskarte. Wenn Sie nämlich bei der Auswahl Ihrer Speisen nicht allzu hart angefaßt werden wollen, müssen Sie überschüssige Joule eben »abarbeiten«. Halten Sie jede zusätzliche Bewegung — also all jene Bewegungen, die Sie jetzt machen, weil Sie abnehmen wollen — in Minuten fest.

Da Sie bei Bewegung Joule verbrauchen, aber nicht bei jeder körperlichen Betätigung gleich viel, werden fünf Bewegungsgruppen zusammengestellt, in die Sie sich einzuordnen versuchen.

Machen Sie beispielsweise eine Bewegung aus Gruppe 1 (Spazierengehen usw.), dann verbrauchen Sie etwa 10 Joule pro Minute.

Eine sportliche Aktivität aus Gruppe 5 (z. B. Dauerlauf) steht mit 40 Joule pro Minute zu Buche.

Kontrollieren Sie wöchentlich einmal Ihr Gewicht. Das hat entscheidende Bedeutung, weil Sie gar nicht so schnell abnehmen sollen.

Ziel ist es, durchschnittlich ein halbes Kilogramm pro Woche an Gewicht zu verlieren.

Die Tagesjoule bitte zusammenzählen! Für dieses Spiel ist der Wochenwert der wichtige Faktor. Denn über diesen erfahren Sie, ob Ihre Marschroute stimmt oder ob Sie noch ein wenig mit den Speisen jonglieren müssen.

Im Klartext: Beträgt der Wochenwert X Joule, und Sie nahmen damit ein halbes Kilogramm ab, ist der Wert in Ordnung.

Verzeichnen Sie keine Gewichtsreduktion oder nehmen Sie sogar zu, muß der Wochenwert herabgesetzt werden.

Sei es, indem Sie joulereichere Zwischenmahlzeiten durch Rohkost oder Obst ersetzen — oder einfach mehr Bewegung machen.

Wochen-Joule-Werte: Jeweils nach einer Woche »Schlank ohne Diät« die sieben Tages-Joule-Werte zusammenzählen!

Das Programm soll mindestens 20 Wochen laufen!

Bewegungsgruppen

Gruppe 1: leichte Gymnastik, Radfahren (10 km/h), Spazierengehen (3 km/h) . . . . mal 10

Gruppe 2: Wandern, Kegeln, Holz hacken . . . . mal 15

Gruppe 3: normale Gymnastik, Tischtennis, Tanzen, Gartenarbeit . . . . mal 20

Gruppe 4: Fuß-, Hand-, Volleyball, Tennis, Reiten, Radfahren (20 km/h), Treppen steigen (50 Stufen/min) . . . . mal 30

Gruppe 5: Dauerlauf (9 km/h), Schwimmen (40 m/min), Schilanglauf, Alpinschilauf . . . . mal 40

Diätprogramm des Kneippbundes

Unter dem Motto »Gesund und schlank statt rund und krank« wird im Rahmen der Kneipp-Gewichtsreduktionsgruppen den ungeliebten Fettpolstern der Kampf angesagt.

- Die Kneippvereine sind gemeinnützig, d. h. von den Teilnehmern der Reduktionsgruppen wird nur eine geringe Aufwandsentschädigung verlangt (pro Gruppenabend ca. S 40.— bis S 50.—).

- Neben der Säule der Ernährung werden die 4 anderen Säulen der Kneipptherapie (Bewegung, Hydrotherapie, Ordnungstherapie und Physiotherapie) zur zusätzlichen Förderung der Gewichtsreduktion herangezogen.

- Nach erfolgter Gewichtsreduktion wird der Teilnehmer nicht sich selbst überlassen, sondern er ist, so er will, in den Kneippverein eingegliedert, hat die Möglichkeit, immer wieder über Gewichtsprobleme zu sprechen, bzw. kann bei neuerlicher Gewichtszunahme wieder die Gruppe besuchen.

Denn, eines ist sicher: Gewichtsreduktion ist ein Problem, das man nicht in 10 Kursabenden bewältigen kann.

STRESS

Der Begründer der Lehre vom Streß, der Wiener Hans Seyle, hat folgende grundsätzliche Aussagen zum Phänomen Streß formuliert:

- Streß ist die unspezifische Reaktion des Körpers auf jede Anforderung, die an ihn gestellt wird.

- In der Medizin entspricht der Ausdruck »Streß« etwa dem deutschen Wort »Belastung«, und biologische Belastungen können sowohl Lust- als auch Unlustgefühle erzeugen, sowohl krank machen als auch heilen.

Streß ist also Bestandteil unseres Lebens, ein zuviel ist zu vermeiden.

<u>Gefahrenzeichen sind unter anderem:</u>

- wenn man häufig unter Zeitdruck steht
- wenn man sich immer wieder mehr vornimmt, als durchführbar ist
- wenn man auch in der »Freizeit« kaum noch abschalten kann
- wenn man »Niederlagen« — beruflich oder privat — nicht bewältigen kann und sie einen daher immer wieder »wurmen«
- wenn der berufliche Zeitdruck auch die Dinge des täglichen Lebens beherrscht:

  Hast beim Essen, Sprechen oder Gehen

<u>Im Alltag findet man eine Reihe von Streß-Auslösern (Stressoren):</u>

Zu den physischen Stressoren zählen extreme Temperaturen, Schlafmangel, akustische Reize (Hupen, Verkehrslärm, Telefonklingeln), optische Reize (Leuchtreklame), Geruchsreize (Brandgeruch) und Mangel- und Fehlernährung (Vitaminmangel, Übergewicht usw.).

Bei den psychischen Stressoren sind Angst, Trauer, Einsamkeit und Konflikte, und bei den sozialen Stressoren die Arbeitslosigkeit, Berufswechsel, Wohnungswechsel, finanzielle Probleme oder die Pensionierung zu finden.

Streß ist unser ständiger Begleiter, solange wir leben.

Manchmal geht uns seine Anhänglichkeit ein wenig auf die Nerven, dennoch verdanken wir ihm jeden persönlichen Fortschritt und erreichen durch ihn immer höhere Stufen geistiger und körperlicher Weiterentwicklung.

Er ist die Würze unseres Lebens.

Die im Körper ablaufende Streß-Reaktion führt zu wesentlichen Stoffwechselveränderungen.

Diese sind auf folgende Ziele ausgerichtet: entweder man nimmt den Kampf auf, oder man flüchtet vor einem übermächtigen Gegner.

Für beide Aktivitäten muß der Stoffwechsel im Sinne der Bereitstellung von Energie und der Vorbereitung auf eine Höchstleistung verändert werden. Das ist der Sinn der Streß-Reaktion.

Was auch immer die Streß-Reaktion auslöst, der Körper reagiert immer mit demselben Muster: Der Blutzucker steigt an, um den Muskeln die notwendige Energie zuzuführen. Das Herz beginnt stärker zu schlagen, um das notwendige Blut und damit die Sauerstoffversorgung zu gewährleisten. Der Fettstoffwechsel verändert sich, wiederum um Energie bereitzustellen.

Alle Veränderungen dienen der Kampfbereitschaft oder der Flucht-Reaktion. Geweitete Pupillen, beschleunigte Atmung, blasse Hautfarbe, angespannte Muskeln, trockener Mund ...

Bei vielen Situationen in unserem Leben können wir aber mit der bereitgestellten Energie gar nichts anfangen. Wir können weder kämpfen, noch ist die Flucht-Reaktion möglich. Man kann z. B. seinen Chef nicht attakieren und das Problem im Kampf lösen. Auch ein fluchtartiges Verlassen des Raumes ist nicht immer sozial angebracht.

Die Folge: Die zur Verfügung gestellte Energie kann nicht verbraucht werden, die biochemischen Veränderungen im Organismus können bei regelmäßiger Wiederholung zur Entwicklung von gesundheitlichen Problemen beitragen.

Wie bereits erwähnt: zuviel Fett im Blut ist ein Risikofaktor für Herzerkrankungen.

Streßbewältigung

Man kann auch zur Streß-Bewältigung »gefährliche« und »ungefährliche« (und damit sinnvolle) Bewältigungsmöglichkeiten einsetzen.

Gefährdet sind Menschen, die vermehrt rauchen oder vermehrt Alkohol konsumieren: sie versuchen, mit Alkohol ihre Streßprobleme zu bewältigen.

Dazu gehören auch jene Leute, die versuchen, Streß mit Essen zu kompensieren.

Eine wichtige Maßnahme zum Streßabbau ist die sportliche Betätigung. Am besten hilft eine gleichmäßige Bewegung. Schon 5 Minuten laufen am Stand sind eine gute Möglichkeit, Entspannung herbeizuführen.

Wird der Sport aber wettkampfmäßig betrieben, so setzt man sich wieder den bereits bekannten Stressoren aus, und unter Umständen kann es zu einer neuerlichen Streßbelastung kommen.

RICHTLINIEN ZUR LIPID-SENKENDEN THERAPIE

DIÄTETISCHE MASSNAHMEN

Grundpfeiler jeder Behandlung einer erhöhten Serum-Cholesterinkonzentration stellt die Diät dar.
Es ist notwendig, die derzeit üblichen Ernährungsgewohneheiten zu ändern.

Folgende Grundlagen sind zu beachten:

- Anhebung des P/S-Quotienten auf 1, durch Reduktion der gesättigten Fettsäuren und Anhebung der mehrfach ungesättigten Fettsäuren.
- Reduktion des Fettverzehrs auf 30% der Tagesenergiemenge.
- Beschränkung der Cholesterin-Aufnahme auf 300 mg/Tag.
- Vermehrte Zufuhr von Ballaststoffen.
- Verminderung des Alkoholkonsums
- Verminderung des Natriumkonsums auf 5—6 g Kochsalz pro Tag
- Anstreben des Normalgewichtes

Führen diese diätischen Maßnahmen nicht zum erwünschten Erfolg (Absenkung des Gesamtcholesterinspiegels und des LDL-Cholesterins), sind strenge Diätmaßnahmen zu beachten:

Weitere Reduktion der Gesamtfettzufuhr durch Absenkung der gesättigten Fette und Senkung der Nahrungscholesterinaufnahme auf unter 200 mg/dl pro Tag.

Wird eine Cholesterinbestimmung vorgenommen, so entspricht ein Wert von 200 mg/dl Gesamtcholesterin etwa einem LDL-Cholesterin von 130 mg/dl.

Liegt bereits eine manifeste Herzkrankheit vor oder bestehen mehr als zwei Risikofaktoren (familiäre Belastung, Bluthochdruck, Rauchen, orale Kontrazeptiva, Diabetes mellitus, Übergewicht über 30%, HDL-Cholesterin unter 35 g/dl) und liegt der LDL-Cholesterinwert zwischen 160 mg/dl und 190 mg/dl, sollte mit diätischen Maßnahmen unter Steigerung der körperlichen Aktivität ein LDL-Cholesterinwert von 130 mg/dl angestrebt werden.

Liegt der LDL-Wert über 190 mg/dl bei bereits manifester Herzkrankheit oder beim Vorliegen von mehr als zwei Risikofaktoren, ist nach einer klinischen Untersuchung eine diätische und medikamentöse Therapie angezeigt, um die LDL-Cholesterinkonzentration auf 130 mg/dl zu senken.

Bei LDL-Werten über 190 mg/dl ohne manifeste koronare Herzkrankheit und ohne Risikofaktoren soll eine Senkung des LDL mittels diätischer (und evtl. medikamentöser) Therapie auf einen Wert von unter 160 mg/dl erfolgen.

BEWEGUNG

Der Stellenwert des Sportes in der Verhütung von Herz-Kreislauf-Erkrankungen wurde viele Jahre unterschätzt. Seit den 60iger Jahren weiß man, daß körperlich Aktive in geringerer Zahl am Herzinfarkt und plötzlichen Herztod sterben.

Bereits mäßige Belastungen wie regelmäßiges Stiegensteigen oder Spazierengehen vermögen die Häufigkeit der koronaren Herzerkrankungen zu senken.

Ursache ist unter anderem die Verbesserung des Fettstoffwechsels bei bereits geringfügiger körperlicher Belastung.

Regelmäßige körperliche Aktivität erhöht das HDL-Cholesterin und senkt das LDL-Cholesterin.

Sinnvoll wird die Belastung erst, wenn Herz, Kreislauf und Muskeln mindestens fünf Minuten auf Trab gehalten werden.

Erschöpfungszustände sind bei Dauerleistungen unerwünscht.

Wie soll man seine körperliche Betätigung einrichten, damit ein tatsächlicher Trainingseffekt für Herz und Kreislauf eintritt?

Voraussetzung ist natürlich, daß man im wesentlichen gesund ist. Es ist daher anzuraten, den Hausarzt vor Beginn des eigenen Trainingsprogrammes zu konsultieren.

Dies gilt vor allem für jene Personen, die seit Jahren keinen oder nur wenig Sport ausgeübt haben und nun etwas für ihre körperliche Fitneß tun wollen.

Wesentlich ist es, eine Ausdauerbelastung hervorzurufen. Das heißt, wir müssen Herz, Lunge und Kreislauf über einen bestimmten Zeitraum ausreichend belasten, d. h. anstrengen. Und das nicht nur einmal und so extrem, daß man tagelang an Muskelkater leidet, sondern möglichst regelmäßig — ein »Trainingsprogramm«.

Für alle Formen des körperlichen Trainings gelten folgende einfache Grundsätze:

- Beginnen Sie vorsichtig!
- Trainieren Sie nicht einmal und dann wieder lange nicht. Nur regelmäßige Betätigung hilft!
- Steigern Sie Ihr Trainingsquantum langsam!
- Vermeiden Sie Überanstrengung!
- Vergessen Sie auf Ehrgeiz und Leistungsdenken. Beim Laufen oder Radfahren gibt es nur Sieger, egal, wie schnell oder langsam man unterwegs ist.

180 MINUS LEBENSALTER

Es gibt ein einfaches diagnostisches Hilfsmittel, um das Ausmaß der Belastung zu überprüfen: die Pulsmessung.
Dazu braucht man nicht Medizin studiert zu haben, das kann heute jeder: Man mißt den Puls am Unterarm oder am Hals.

Man sollte durch die körperliche Betätigung (z. B. Laufen) eine Pulsfrequenz erreichen, die nach folgender Formel berechnet wird:

- 180 minus Lebensalter. Also für den 40jährigen: 180 minus 40 ist gleich 140.
- Diese Werte sollten erreicht werden, eventuell knapp überschritten, im allgemeinen soll man aber nicht eine höhere Pulsfrequenz auslösen als 200 minus Lebensalter. Um bei unserem Beispiel zu bleiben: Der 40jährige sollte also eine Pulsfrequenz von 140 erreichen bzw. knapp überschreiten, aber nicht mehr als 160 Pulsschläge pro Min. haben. Wesentliche Voraussetzung wiederum: Es muß sich um eine im wesentlichen gesunde Person handeln!
- Wie bereits erwähnt, sind wiederholte Übungen notwendig, die möglichst regelmäßig durchgeführt werden sollten. Außerdem ist es notwendig, die Herz-Kreislauf-Belastung über eine gewisse Zeit aufrecht zu halten.
- Wir wissen heute, daß die Belastung erst dann sinnvoll wird, wenn man sich mindestens 5 Minuten lang ununterbrochen in Bewegung befindet und die angegebenen Pulsfrequenzen erreicht.

Wie fit bin ich? — Der Test des Dr. Cooper

Wie kann man nun seinen eigenen Grad der Fitneß feststellen bzw. den Erfolg eines Trainingsprogrammes messen?

Dazu gibt es einen einfachen Test, der von Dr. Cooper entwickelt wurde und von jedermann durchgeführt werden kann.

Selbstverständlich gibt es für Leistungssportler eine sehr aufwendige und genaue sportmedizinische Diagnostik, die den Effekt von Trainingsprogrammen viel genauer bestimmen kann.

Für die Bedürfnisse des Hobbysportlers, der seine eigene Gesundheit fördern will, genügen aber zunächst die folgenden Empfehlungen, der Test des Dr. Cooper.

Wie führt man diesen nun durch?

Es handelt sich um einen Lauftest, mit dem man bestimmt, welche Strecke man in einer vorgegebenen Zeit zurücklegen kann.

Man kann diesen Test überall vornehmen, wo eine möglichst ebene, längere Strecke zur Verfügung steht, deren Länge man kennt. Ein Sportplatz mit einer standardisierten 400 m langen Laufbahn ist wohl der geeignetste Ort dafür, aber keine Bedingung!

Zunächst führt man ein gewissenhaftes Aufwärmtraining durch, um sich auf den eigentlichen Lauftest vorzubereiten. Dann beginnt man zu laufen und stellt einfach die im Zeitraum von 12 Min. zurückgelegte Streckenlänge fest.

Der Fitneßgrad (»sehr schlecht«, »schlecht«, »mäßig«, »gut« und »sehr gut«) ist altersabhängig und kann aus den nachstehenden Tabellen (für Männer und Frauen) abgelesen werden.

Fitneßgrade für Männer, unterteilt in Altersklassen nach dem 12-Minuten-Lauftest

Fitneßgrad	Entfernung in km, die in 12 Minuten zurückgelegt werden			
Alter	**unter 30**	**30 bis 39**	**40 bis 49**	**über 50**
sehr schlecht	unter 1,60	unter 1,53	unter 1,37	unter 1,29
schlecht	1,60 — 1,99	1,53 — 1,84	1,37 — 1,68	1,29 — 1,59
mäßig	2,00 — 2,40	1,85 — 2,24	1,69 — 2,08	1,60 — 2,00
gut	2,41 — 2,80	2,25 — 2,64	2,09 — 2,48	2,01 — 2,40
sehr gut	über 2,81	über 2,65	über 2,49	über 2,41

Fitneßgrade für Frauen, unterteilt in Altersklassen nach dem 12-Minuten-Lauftest

Fitneßgrad	Entfernung in km, die in 12 Minuten zurückgelegt werden			
Alter	**unter 30**	**30 bis 39**	**40 bis 49**	**über 50**
sehr schlecht	unter 1,53	unter 1,37	unter 1,21	unter 1,05
schlecht	1,53 — 1,84	1,37 — 1,68	1,21 — 1,51	1,05 — 1,35
mäßig	1,85 — 2,16	1,69 — 1,99	1,52 — 1,84	1,36 — 1,68
gut	2,17 — 2,64	2,00 — 2,48	1,85 — 2,32	1,69 — 2,16
sehr gut	über 2,65	über 2,49	über 2,33	über 2,17

Als empfehlenswert sind alle jene Sportarten anzusehen, die ein Ausdauertraining mit einer überwiegend dynamischen Muskelbeanspruchung bewirken. Dazu gehören Radfahren, Schwimmen, Laufen, Skilanglaufen und viele andere.

Neben der direkten positiven Auswirkung der sportlichen Betätigung ist auch das erhöhte Gesundheitsbewußtsein, mit den entsprechenden Ernährungs- und Konsumgewohnheiten, von körperlich Aktiven von großer Bedeutung.

ERNÄHRUNGSRICHTLINIEN FÜR CHOLESTERINREDUZIERTE KOST

FLEISCH UND FLEISCHWAREN:

GEEIGNET:	WENIGER ODER NICHT GEEIGNET:
Mageres Fleisch vom Kalb, Rind, Schwein, Pferd, Lamm Magerer Schinken Geselchtes, Roastbeef Magere Wurstsorten, z. B. Schinkenwurst, Putenwurst, Krakauer, Kürbiskernwurst Leichtaufstriche mit Diätmargarine zubereitet	Fettes Fleisch, durchzogenes Fleisch Alle Innereien, Hirn Fette Wurstsorten, z. B. Brat-, Weißwurst, Blut-, Extra-, Buren-, Leberwurst, Pariser, Leberkäse, Mortadella, Salami Streichwurstarten, z. B. Leberpastete, Mettwurst Fleischkonserven Fertig zubereitete Fleisch- und Wurstsalate Grammeln

WILD UND GEFLÜGEL:

GEEIGNET:	WENIGER ODER NICHT GEEIGNET:
Alle Arten: Reh, Hirsch, Hase, Fasan, Rebhuhn, Taube Geflügel ohne Haut	Gespicktes Wild Innereien von Wild und Geflügel Mastgans, Mastente, Geflügelhaut

FISCH UND FISCHWAREN:

GEEIGNET:	WENIGER ODER NICHT GEEIGNET:
Forelle, Schleie, Hecht, Fogosch, Kabeljau, Scholle, Dorsch, Seelachs, Rotbarsch, Hering, Zander, Makrele Fischkonserven ohne Öl oder Sauce Gabelroller	Aal, Karpfen, Heilbutt Räucherlachs, Dorschleber Fischkonserven in Öl oder Sauce Alle Schalentiere: Hummer, Muscheln, Langusten, Krabben, Krebse, Austern, Garnelen Kaviar, Kaviar-Ersatz

ERNÄHRUNGSRICHTLINIEN FÜR CHOLESTERINREDUZIERTE KOST

EIER:

GEEIGNET:	WENIGER ODER NICHT GEEIGNET:
Eiklar Pro Woche höchstens 2 Eidotter zum Verkochen	Eidotter, Speisen, die mit mehreren Eiern zubereitet werden, z. B. Torten, Biskuits, Eierspeisen, Spiegeleier, Omeletten

MILCH UND MILCHPRODUKTE:

GEEIGNET:	WENIGER ODER NICHT GEEIGNET:
Magermilch, Haltbarmilch (1 % Fett), Buttermilch, Magerjoghurt (1 % Fett) Käse bis 35 % F. i.T., z. B. Stangenkäse, Tilsiter, Bierkäse, Camembert, Romadur, Limburger, Schlierbacher, Schloßkäse, Achleithner, Mondseer, Quargel, Kochkäse, Alpenkönig, Berggraff, Hüttenkäse, magerer Schmelzkäse Magertopfen bis 20 % F. i.T., Hüttenkäse, Cottage Cheese Margarinestreichkäse Puddings und Milchspeisen mit Magermilch zubereitet	Vollmilch (3,6 % Fett), Sauermilch, Joghurt (3,6 % Fett), Kondensmilch, Sauerrahm Kaffeeobers, Schlagobers, Kefir, Crème fraîche Käse mit mehr als 35 % F. i.T., z. B. Emmentaler, Edamer, Brie, Edelpilzkäse (Gorgonzola) Topfen mit mehr als 20 % F. i.T. Gervias fertig zubereitete Topfenspeisen

FETTE UND ÖLE:

GEEIGNET:	WENIGER ODER NICHT GEEIGNET:
Pflanzliche Öle mit einem hohen Gehalt an mehrfach ungesättigten Fettsäuren, z. B. Distelöl, Leinöl, Weizenkeimöl, Sojaöl, Sonnenblumenöl, Kürbiskernöl, Maiskeimöl, Olivenöl, Diätmargarine, Leichtmayonnaise (Achtung bei Übergewicht)	Tierische Fette: Butter, Schmalz, Talg, Speck Kokosfett, Palmkernöl, Kakaobutter, Erdnußbutter Mayonnaise

ERNÄHRUNGSRICHTLINIEN FÜR CHOLESTERINREDUZIERTE KOST

GEMÜSE:

GEEIGNET:	WENIGER ODER NICHT GEEIGNET:
Alle Sorten in beliebiger Menge, frisch oder tiefgekühlt Gemüsesäfte	Avocados, Oliven Chips, Pommes frites

OBST:

GEEIGNET:	WENIGER ODER NICHT GEEIGNET:
Alle Sorten	Bei Übergewicht: Achtung bei Weintrauben, Bananen, Kirschen, Pflaumen, Zwetschken, Dörrobst

NÜSSE:

GEEIGNET:	WENIGER ODER NICHT GEEIGNET:
Alle Arten, außer Kokosnuß, Erdnuß und Cashewnüsse Achtung: Alle Nüsse haben einen hohen Fettgehalt!	Kokosnuß, Erdnüsse, Cashewnüsse

BROT, BACKWAREN UND NÄHRMITTEL:

GEEIGNET:	WENIGER ODER NICHT GEEIGNET:
Alle Brotsorten, bevorzugt Vollkornbrot, Knäckebrot Vollreis, Mais, Rollgerste, Haferflocken, Grieß Torten und Mehlspeisen mit wenig Eigelb und mit Fetten, die einen hohen Anteil an ungesättigten Fettsäuren haben, z. B. Strudelteig, Germteig, Mürbteig, Topfenblätterteig Teigwaren, Nockerln, Knödel mit geringem Eianteil · Schokolade	Eierteigwaren Alle Backwaren mit hohem Ei- und Fettanteil Weißbrot, Semmeln, Toastbrot, Zwieback Brioche, Butterkipferl Fertigteigzubereitungen Backwaren mit hohem Ei- und Fettanteil

ERNÄHRUNGSRICHTLINIEN FÜR CHOLESTERINREDUZIERTE KOST

SUPPEN:

GEEIGNET:	WENIGER ODER NICHT GEEIGNET:
Gemüsebrühe, fettarme Fleisch- und Knochensuppen	Fette Suppen, Packerlsuppen, Einmachsuppen, Einbrenn-suppen

GEWÜRZE:

GEEIGNET:	WENIGER ODER NICHT GEEIGNET:
Alle in- und ausländischen Gewürze	Bei Übergewicht: handelsfertige Gewürzsaucen, Ketchup fertige Salatmarinaden

GETRÄNKE:

GEEIGNET:	WENIGER ODER NICHT GEEIGNET:
Tee, Kaffee mit Magermilch Mineral- und Sodawasser Obst- und Gemüsesäfte	Kaffee mit Obers oder Kondensmilch fertige Milchmixgetränke

REZEPTE

Mengenangaben:

Die folgenden Mengenangaben sind für 2 Personen berechnet und können ohne weiters der entsprechenden Personenzahl angepaßt werden.

Zutaten:

Es wird empfohlen, für die Zubereitung prinzipiell frische Produkte zu verwenden.

Die Verwendung der in den Rezepten angeführten Magerprodukte dient der Fett- und Cholesterinreduktion, daher sollten sie nicht durch ähnliche fettreiche Produkte ersetzt werden (Vollmilch statt Magermilch).

Die Auswahl der Rezepte erfolgte nach ernährungsphysiologischen Gesichtspunkten einer gesunden, cholesterinarmen Kost.

Alle Kalorien- und Nährwertangaben wurden von uns neu berechnet.

Rezepte mit mehr als 100 mg Cholesterin sollten nur ausnahmsweise Verwendung finden. Bei der Verwendung von reichlich Gemüse am Abend empfiehlt es sich, das Gemüse kurz zu blanchieren, da dadurch eine bessere Verdaulichkeit erreicht wird.

Mit gutem Willen und etwas Phantasie können Sie gut und abwechslungsreich essen und — das ist wichtig — Ihr Risiko entscheidend vermindern!

Ingrid Kiefer

EINIGE FÜR DIE PRAXIS WICHTIGE ANGABEN

Maßtabelle

1 EL Diätmargarine	15 g
1 EL Vollkornmehl	10 g
1 EL Haferflocken	5 g
1 EL Zucker	15 g
1 EL Honig	20 g
1 EL Käse	10 g
1 EL Öl	10 g
1 TL Diätmargarine	5 g
1 TL Vollkornmehl	3 g
1 TL Käse	5 g
1 TL Öl	5 g

Abkürzungen

kJ = Kilojoule
kcal = Kilokalorie
EL = Eßlöffel
TL = Teelöffel
F. i.T. = Fett in der Trockenmasse
+ = in Spuren vorhanden
* = keine Daten

SUPPEN

Karfiolcremesuppe

300 g Karfiol
Salz
10 g Hafermark
20 g Kaffeeobers
Pfeffer
Petersilie

Den Karfiol in Salzwasser weich kochen. 3/4 des Karfiols passieren, mit dem Hafermark und dem Kaffeeobers vermengen und mit dem Karfiolkochwasser oder mit einer Hühnersuppe auf 400 ml ergänzen. Die Suppe etwa 3 Minuten kochen und mit Pfeffer und gehackter Petersilie fertig würzen. Mit den restlichen Karfiolröschen als Einlage servieren.

Nährwert pro Person:

65 kcal, 272 kJ
4,6 g Eiweiß
1,8 g Fett
7,6 g Kohlenhydrate
3,4 mg Cholesterin

Kohlsuppe

10 g Öl
Kümmel
5 g Knoblauch
200 g Kohl
100 g Kartoffeln
Salz, Majoran
10 g Vollkornmehl

Den Kümmel und die feingehackte Knoblauchzehe in Öl leicht anrösten, den nudelig geschnittenen Kohl dazugeben, etwas durchrösten, aufgießen, würzen und mit den würfelig geschnittenen, geschälten Kartoffeln weichkochen. Das Vollkornmehl mit etwas Wasser abrühren und in die kochende Suppe einlaufen lassen.

Nährwert pro Person:

130 kcal, 544 kJ
4,9 g Eiweiß
5,6 g Fett
15,0 g Kohlenhydrate
0,1 mg Cholesterin

Karottensuppe

100 g Karotten
1 EL Diätmargarine
1 TL Stärkemehl
1/2 l Rindsuppe
Salz, gehackte Petersilie

Karotten fein raspeln und in der Diätmargarine andünsten, mit Stärke stauben und mit Suppe aufgießen, aufkochen lassen, abschmecken und mit Petersilie bestreut servieren.

Nährwert pro Person:

92 kcal, 385 kJ
1,1 g Eiweiß
7,1 g Fett
5,9 g Kohlenhydrate
+Cholesterin

Apfelsuppe

350 g Apfelsaft
150 g Wasser
1 Nelke
1/2 Zimtstange
unbehandelte Zitronenschale
125 g Äpfel
1 TL Speisestärke
3 EL Wasser
1 TL Zucker

Den Apfelsaft und das Wasser mit den Nelken, der Zimtstange und der Zitronenschale kalt aufsetzen und bei schwacher Hitze zum Kochen bringen. Die Äpfel schälen und vierteln, vom Kerngehäuse befreien und blättrig schneiden.

Die Apfelblättchen in die kochende Flüssigkeit schütten und darin zugedeckt etwa 10 Minuten bei schwacher Hitze garen.

Die Speisestärke mit 3 Eßlöffeln Wasser verrühren und die Suppe damit binden.

Einmal aufkochen lassen, dann mit Zucker abschmecken.

Die Apfelsuppe kann kalt oder warm serviert werden. Vor dem Anrichten die Nelken, die Zimtstange und die Zitronenschale entfernen.

Nährwert pro Person:

132 kcal, 552 kJ
0,3 g Eiweiß
0,4 g Fett
31,9 g Kohlenhydrate
0 mg Cholesterin

Graupensuppe

35 g Rollgerste
3 g Pflanzenöl
1/2 l Gemüsebrühe
1 Lorbeerblatt, Majoran
Muskat, Pfeffer
50 g Möhren
20 g Zwiebel
50 g Blumenkohl
75 g tiefgekühlte Erbsen
gehackte Petersilie

Die Rollgerste im erhitzten Öl kurz andünsten. Die Gemüsebrühe dazugießen. Lorbeerblatt, Majoran, Muskat, Pfeffer hinzufügen. Die Suppe zum Kochen bringen, bei schwacher Hitze etwa 40 Minuten kochen lassen. Die Karotten in feine Scheiben, die Zwiebel in Ringe schneiden. Der Blumenkohl wird in Röschen geteilt.

Das Gemüse 15 Minuten vor Beendigung der Garzeit in die Suppe geben, mitkochen lassen. Mit Muskat und Pfeffer abschmecken und mit Petersilie bestreuen.

Nährwert pro Person:

128 kcal, 536 kJ
6,3 g Eiweiß
3,1 g Fett
18,7 g Kohlenhydrate
+Cholesterin

Tomatensuppe

20 g Diätmargarine
20 g Vollkornmehl
100 g Tomatenmark
1/2 l Suppe
Salz, Pfeffer

Aus Margarine und Vollkornmehl eine Einmach bereiten, Tomatenmark beimengen, mit der Suppe aufgießen und aufkochen lassen, würzen.

Nährwert pro Person:

143 kcal, 598 kJ
2,8 g Eiweiß
6,2 g Fett
10,6 g Kohlenhydrate
+Cholesterin

Französische Fischsuppe

200 g Schollenfilet
(frisch oder tiefgekühlt)
2 Zwiebeln (100 g)
1 EL Diätmargarine
1 Bund Suppengrün
1/2 l Rindsuppe
3 Tomaten (150 g)
1 Knoblauchzehe
ungespritzte Zitronenschale
Lorbeerblatt, Gewürznelken
Pfefferkörner, 1 Prise Salz
gehackte Petersilie

Fischfilet in Würfel schneiden. Zwiebel hacken und in der Diätmargarine anlaufen lassen. Suppengrün klein schneiden und dazugeben, anrösten und mit Rindsuppe aufgießen. Abgeriebene Zitronenschale, zerdrückten Knoblauch und die anderen Gewürze dazugeben.
Suppe zum Kochen bringen. Fischwürfel einlegen und zirka 10 Minuten ziehen lassen.
Tomaten blanchieren, häuten, achteln und in die Suppe geben. Zum Schluß mit Petersilie bestreuen.

Dazu: franz. Weißbrot.

Nährwert pro Person:

300 kcal, 1256 kJ
23,3 g Eiweiß
9,6 g Fett
28,7 g Kohlenhydrate
55 mg Cholesterin

Skandinavische Erbsensuppe

200 g getrocknete Erbsen,
eingeweicht

1/2 l Wasser
50 g Zwiebel
50 g Karotten
50 g Schwarzwurzeln
Thymian, Majoran
Petersilie zum Bestreuen

Geben Sie die Erbsen und das Wasser in eine große Kasserolle. Bringen Sie die Zutaten zum Kochen und kochen Sie sie 10 Minuten lang. Drehen Sie nun die Flamme zurück, decken Sie den Topf zu und kochen Sie die Suppe noch 30 Minuten auf kleiner Flamme. Jetzt geben Sie das kleinwürfelig geschnittene Gemüse, den Thymian und evtl. den Majoran dazu und bringen erneut alles zum Kochen.
Zum Schluß nehmen Sie das Gemüse heraus. Das gekochte Gemüse wird nicht zu fein püriert. Geben Sie vor dem Servieren gehackte Petersilie in die Suppe.

Nährwert pro Person:

88 kcal, 368 kJ
6,8 g Eiweiß
0,6 g Fett
13,7 g Kohlenhydrate
0 mg Cholesterin

Hirsesuppe

100 g Zwiebel
10 g Knoblauch
15 g Diätmargarine
50 g Hirse
50 g Porree
50 g Karotten
1/2 l Suppe
Oregano, 1 Prise Salz
frisch gemahlener, weißer Pfeffer

Die Zwiebel hacken und mit dem Knoblauch in der Diätmargarine glasig anlaufen lassen. Aufgießen mit der Suppe, Hirse beifügen und mit dem geschnittenen Gemüse weichkochen lassen.

Nährwert pro Person:

195 kcal, 816 kJ
4,9 g Eiweiß
7,8 g Fett
23,9 g Kohlenhydrate
+Cholesterin

Porreesuppe

100 g Porree
1 EL Diätmargarine
1 TL Vollkornmehl
1/2 l Rindsuppe
1 Kartoffel (50 g)
Pfeffer, 1 Prise Salz
gehackte Petersilie

Porree in Ringe schneiden, in der Diätmargarine anlaufen lassen, mit Vollkornmehl stauben und mit Suppe aufgießen.
Die Kartoffel in Würfel schneiden und in der Suppe weichkochen. Suppe würzen und mit Petersilie bestreut servieren.

Nährwert pro Person:

107 kcal, 448 kJ
2,4 g Eiweiß
6,9 g Fett
6,9 g Kohlenhydrate
+Cholesterin

Krautsuppe

50 g Zwiebel
10 g Öl
100 g Weißkraut
50 g Kartoffel
Kümmel, Paprika, Salz
Pfefferkörner, evtl. Knoblauch

Die feinnudelig geschnittene Zwiebel und den Kümmel mit Öl glasig rösten, das nudelig geschnittene Weißkraut dazugeben, durchrösten, mit Paprika stauben, durchrösten, mit 400 g Wasser aufgießen, die würfelig geschnittene geschälte Kartoffel und die restlichen Gewürze dazugeben und weichkochen.

Nährwert pro Person:

83 kcal, 347 kJ
1,5 g Eiweiß
5,2 g Fett
7,3 g Kohlenhydrate
+Cholesterin

Hühnerbrühe mit Gemüseeinlage

1/2 l Hühnerbrühe
40 g Möhren
40 g Porree
Muskatnuß
frisch gemahlener Pfeffer
Salz
feingehackte Petersilie

Die Hühnerbrühe zum Kochen bringen. Die Karotten putzen und kleinwürfeln. Den Porree putzen, gründlich waschen und fein schneiden. Beides in der Hühnerbrühe bei schwacher Hitze etwa 5 Minuten garen. Würzen und mit der Petersilie bestreut servieren.

Nährwert pro Person:

27 kcal, 113 kJ
1,2 g Eiweiß
0,7 g Fett
1,7 g Kohlenhydrate
0 mg Cholesterin

Hühnersuppe mit Spargel

200 g Spargel
400 g Hühnersuppe
Petersilie

Den in etwa 1 cm lange Stücke geteilten Dosenspargel anrichten, mit gehackter Petersilie bestreuen und mit kochender, gewürzter Hühnersuppe übergießen.

Nährwert pro Person:

23 kcal, 96 kJ
2,5 g Eiweiß
0,6 g Fett
1,4 g Kohlenhydrate
0 mg Cholesterin

Wiener Suppentopf

200 g Hühnerfleisch
1 Bund Suppengrün
50 g Champignons
1 EL Sonnenblumenöl
25 g Suppennudeln
Pfefferkörner, Muskat
Knoblauch
25 g Zwiebel (halbes Stück)
geriebener Pfeffer
1 Prise Salz
1 Hühnersuppenwürfel
gehackte Petersilie

Suppengrün und Zwiebel klein schneiden, in Öl anlaufen lassen und mit ca. 3/4 l Wasser aufgießen.
Hühnerfleisch einlegen, mit Salz, Pfeffer, Pfefferkörnern, Muskat und zerdrücktem Knoblauch würzen und weichkochen; abseihen und kaltstellen.
Blättrig geschnittene Champignons dünsten; Nudeln kochen. Fett von der Suppe abschöpfen, Nudeln, Champignons, Suppengrün und in Streifen geschnittenes Hühnerfleisch einlegen; Hühnersuppenwürfel einstreuen. Suppe nochmals aufkochen lassen und mit Petersilie bestreut servieren.

Nährwert pro Person:

384 kcal, 1907 kJ
21,5 g Eiweiß
27,3 g Fett
10,8 g Kohlenhydrate
74 mg Cholesterin

Wiener Suppentopf

Rezept Seite 64

Besonders wichtig ist das Abschöpfen des Fettes, um unnötige Kalorien und Cholesterin zu sparen.

Karfiolsuppe

Rezept Seite 69

Das Gemüse soll knackig sein.
Vorsicht beim Kochen!

Bunter Salatteller

Rezept Seite 70

Viele Variationen
mit frischen Salaten
der Saison.

Suppe mit Vollkornteigwaren

1/2 l Rindsuppe
50 g Karotte
20 g Vollkornteigwaren
Salz, Pfeffer
gehackte Petersilie

Geben Sie die Brühe in eine Kasserolle und bringen Sie sie zum Kochen. Fügen Sie die geschnittenen Karotten und die Teigwaren dazu, salzen Sie und lassen Sie alles auf kleiner Flamme je nach Art der Teigwaren gut zugedeckt 10 bis 20 Minuten kochen, beziehungsweise bis die Teigwaren weich sind. Streuen Sie die Petersilie darüber.

Nährwert pro Person:

57 kcal, 239 kJ
2,4 g Eiweiß
1,4 g Fett
7,8 g Kohlenhydrate
0 mg Cholesterin

Käsesuppe

1 EL Öl
1/2 Stück Zwiebel (25 g)
25 g Schmelzkäse, 20 % Fett
1/2 l Rindsuppe
Salz, Pfeffer
Muskat, gehackte Petersilie

Das Öl in einem Topf erhitzen und die kleingewürfelte Zwiebel goldgelb andünsten, Mehl beimengen und den Schmelzkäse darin zergehen lassen. Mit der entfetteten Brühe auffüllen.
Abschmecken und mit Petersilie bestreut servieren.

Nährwert pro Person:

135 kcal, 565 kJ
4,4 g Eiweiß
9,8 g Fett
7,1 g Kohlenhydrate
4 mg Cholesterin

Kartoffelsuppe mit Pilzen

300 g Kartoffeln
10 g Trockenpilze
25 g Zwiebel
25 g Karotten
Majoran, Lorbeerblatt
Salz, Pfeffer, Essig
10 g Öl
10 g Vollkornmehl

Die würfelig geschnittenen, geschälten Kartoffeln mit den Trokkenpilzen, einem Stück Zwiebel, der Karotte, Majoran, Lorbeerblatt, Salz und Pfeffer kernweich kochen. Das Vollkornmehl in Öl anlaufen lassen, die Suppe damit binden. Mit Essig abschmecken.

Nährwert pro Person:

186 kcal, 778 kJ
4,8 g Eiweiß
5,4 g Fett
29,2 g Kohlenhydrate
+Cholesterin

Käsesuppe

1/2 l Rindsuppe
1 Zwiebel (50 g)
1/2 Lorbeerblatt
1 TL Vollkornmehl
1/2 EL Diätmargarine
1 Scheibe Weißbrot (50 g)
30 g Käse (Edamer, 30% F. i. T.)
Pfeffer, Prise Salz
gehackte Petersilie

Zwiebel hacken und in der Diätmargarine glasig anlaufen lassen, mit Vollkornmehl stauben und mit Rindsuppe aufgießen; würzen und aufkochen lassen. Die Weißbrotscheibe halbieren und in zwei feuerfeste Tassen geben. Tassen mit Suppe auffüllen und die halbierte Käsescheibe darauflegen; im Rohr kurz überbacken.

Nährwert pro Person:

153 kcal, 640 kJ
7,0 g Eiweiß
7,0 g Fett,
15,2 g Kohlenhydrate
8,1 mg Cholesterin

Knoblauchsuppe

5 g Knoblauch
1/2 Zwiebel (25 g)
1 EL Diätmargarine
3/4 l Rindsuppe
2 Scheiben Weißbrot

Knoblauch und Zwiebel fein hakken, in der Diätmargarine goldgelb anlaufen lassen, mit siedender Rindsuppe aufgießen und aufkochen lassen.
Suppe mit getoasteten Weißbrotscheiben anrichten.

Nährwert pro Person:

144 kcal, 603 kJ
3 g Eiweiß
8 g Fett
15 g Kohlenhydrate
+Cholesterin

Zwiebelsuppe

1/2 l Rindsuppe
2 Zwiebeln (100 g)
1 EL Diätmargarine
1 EL ungezuckerte Kondensmilch
1 TL Stärkemehl
1 EL geriebener Parmesan (35% F. i. T.)

Zwiebel in Scheiben schneiden und in der Diätmargarine durchdünsten. Mit Suppe aufgießen und ca. 10 Minuten ziehen lassen. Mit Stärke und Kondensmilch binden und mit Parmesan bestreut servieren.

Nährwert pro Person:

78 kcal, 326 kJ
3,6 g Eiweiß
4,5 g Fett
6,2 g Kohlenhydrate
3,5 mg Cholesterin

Kräutersuppe

1 EL Diätmargarine
1 EL Vollkornmehl
1/2 l Rindsuppe
1 Prise Salz
Löwenzahn, Spitzwegerich
Sauerampfer, Kresse
Brennessel, Schafgarbe
50 g Magermilch

Kräuter fein hacken und in Milch legen. Diätmargarine und Vollkornmehl anschwitzen, mit der Suppe aufgießen und aufkochen lassen. Milch und Kräuter dazugeben und die Suppe nochmals kurz aufkochen lassen.

Nährwert pro Person:

79 kcal, 330 kJ
3 g Eiweiß
3,5 g Fett
9,1 g Kohlenhydrate
1,28 mg Cholesterin

Italienische Gemüsesuppe

50 g Karotten
50 g Bohnen
50 g Lauch
50 g Blumenkohl
1 TL Pflanzenöl
3/8 l Wasser
Muskat, Pfeffer, wenig Salz
2 bis 3 Salbeiblätter
40 g Naturreis

Die Karotten schälen, in 2 cm lange Streifen schneiden. Von den Bohnen die Enden abschneiden. Die Bohnen in 2 cm lange Stücke brechen oder schneiden. Den Blumenkohl putzen, waschen und in Röschen teilen.
Das Öl erhitzen, das Gemüse kurz darin andünsten. Wasser dazugießen. Muskat, Pfeffer, Salz, feingeschnittene Salbeiblätter hinzufügen. Die Suppe zum Kochen bringen, bei schwacher Hitze etwa 15 Minuten kochen lassen.
Den Reis bei schwacher Hitze in etwa 35 Minuten ausquellen lassen und dann in die Gemüsesuppe geben. Abschmecken und servieren.

Nährwert pro Person:

122 kcal, 511 kJ
4 g Eiweiß
3,2 g Fett
19,5 g Kohlenhydrate
+Cholesterin

Suppe mit Roggenflocken

50 g Roggenflocken
10 g Diätmargarine
50 g Porree
50 g Karotten
1/2 l Rindsuppe
Pfeffer, 1 Prise Salz
Schnittlauch

Porree in Ringe und Karotten in Würfel schneiden.
Roggenflocken in der Margarine anlaufen lassen, Gemüse dazugeben und kurz mitrösten.
Mit Rindsuppe aufgießen und ca. 25 Minuten ziehen lassen.
Suppe mit Salz und Pfeffer abschmecken und mit geschnittenem Schnittlauch bestreut servieren.

Nährwert pro Person:

141 kcal, 590 kJ
4,2 g Eiweiß
5,6 g Fett
18,4 g Kohlenhydrate
+Cholesterin

Karfiolsuppe

200 g Karfiolröschen
10 g Diätmargarine
10 g Vollkornmehl
1/8 l Magermilch
1/2 Lorbeerblatt
2 Pfefferkörner
Pfeffer, Salz, Süßstoff
gehackte Petersilie
10 g geriebener Parmesan
(30% Fett)

Magermilch und 1/2 l Wasser mischen, salzen. Lorbeerblatt und Pfefferkörner dazugeben und zum Kochen bringen. Karfiol einlegen und 10 bis 15 Minuten kochen; aus dem Sud nehmen. Aus Margarine, Vollkornmehl und Karfiolwasser eine Einmach bereiten, aufkochen lassen und das restliche Karfiolwasser dazugeben; mit Salz, Pfeffer und Süßstoff abschmecken.
Suppe einige Minuten kochen lassen, Karfiolröschen einlegen; mit Petersilie und Parmesan bestreut servieren.

Nährwert pro Person:

121 kcal, 506 kJ
6,9 g Eiweiß
6,6 g Fett
8,5 g Kohlenhydrate
3,4 mg Cholesterin

Kürbissuppe

3/4 l Wasser
1 Prise Salz
1 kleines Stück Ingwer
2 Gewürznelken
unbehandelte Zitronenschale
40 g Rosinen
300 g Kürbis
2 EL Zucker
1/2 Päckchen Vanillezucker
1 TL Speisestärke
1 EL Wasser
30 g Zitronensaft (3 EL)

Wasser mit dem Salz, dem Ingwerstück, den Nelken und der Zitronenschale kalt aufsetzen und zum Kochen bringen. Die Rosinen waschen, abtropfen lassen und in das kochende Wasser schütten. Den Kürbis schälen, die Kerne und das weiche Innere entfernen. Das Fruchtfleisch in 1 cm große Würfel schneiden und ebenfalls ins Wasser geben. Zucker und Vanillezucker einstreuen. Alles 15 Minuten zugedeckt bei schwacher Hitze garen. Die Speisestärke mit 1 EL Wasser glattrühren und die Suppe damit binden. Einmal aufkochen lassen. Mit dem Zitronensaft abschmecken. Die Suppe kann warm oder kalt serviert werden. Vor dem Anrichten: Ingwer, Nelken und Zitronenschale entfernen.

Nährwert pro Person:

163 kcal, 682 kJ
2,1 g Eiweiß
0,3 g Fett
37 g Kohlenhydrate
0 mg Cholesterin

Ritschert

40 g Rollgerste
50 g Karotten
50 g Porree
Salz, Lorbeerblatt
Liebstöckl oder Majoran
20 g magerer Schinken
10 g Öl

Die Rollgerste mit dem grob geschnittenen Gemüse, den Gewürzen und mit kaltem Wasser (1/2 Liter) zustellen und weichkochen. Den fein nudelig geschnittenen Schinken kurz anrösten, die angerichtete Suppe damit bestreuen.

Nährwert pro Person:

135 kcal, 565 kJ
4,8 g Eiweiß
11,8 g Fett
16,3 g Kohlenhydrate
6,8 mg Cholesterin

SALATE

Bunte Salatplatte

50 g grüner Salat
50 g Tomaten
50 g Gurken
50 g grüner Paprika
5 schwarze Oliven
20 g Maiskeimöl
Essig, Rosmarin oder Oregano
oder Majoran
Salz

Den marinierten grünen Salat auf Tellern oder in Schüsserln auflegen. Das übrige Gemüse klein schneiden und mit der Marinade vermengen und auf den Salat häufen.

Nährwert pro Person:

120 kcal, 502 kJ
1,7 g Eiweiß
11,6 g Fett
2,7 g Kohlenhydrate
+Cholesterin

Tunesischer Salat

200 ml Wasser
edelsüßer Paprika, Oregano
100 g Weizen (Bulgur)
160 g grüner Paprika
200 g Tomaten
2 Frühlingszwiebeln
40 g Salami
5 bis 6 Blättchen Pfefferminze
oder Petersilie
2 EL Sonnenblumenöl
2 TL Weinessig
etwas Salz

Wasser mit Paprika, Thymian oder Oregano und Pfeffer zum Kochen bringen. Den Weizen hinzufügen. Bei schwacher Hitze in etwa 15 Minuten ausquellen lassen, kühl stellen.
Die Paprikaschote halbieren, entstielen, entkernen und waschen. Tomaten waschen, den Stengelansatz herausschneiden. Beide Zutaten kleinwürfelig schneiden. Die Frühlingszwiebeln putzen, waschen, in feine Ringe schneiden. Die Salami in feine Würfel schneiden.
Die Kräuterblättchen fein hacken. Die abgekühlte Weizengrütze mit den geschnittenen Zutaten vermischen.
Öl und Essig unterrühren. Den Salat mit Pfeffer und wenig Salz abschmecken.

Nährwert pro Person:

391 kcal, 1636 kJ
11,7 g Eiweiß
21,4 g Fett
37,2 g Kohlenhydrate
17,2 mg Cholesterin

Bulgarischer Salat

150 g Tomaten
100 g grüne Paprika
50 g Zwiebel
20 g Öl
Salz, Pfeffer, Knoblauch

Die Tomaten blättrig schneiden, die entkernten grünen Paprika nudelig, die Zwiebel in Ringe schneiden. Das Gemüse mit den angegebenen Gewürzen vermengen.

Nährwert pro Person:

123 kcal, 515 kJ
1,7 g Eiweiß
10,3 g Fett
5,3 g Kohlenhydrate
0,2 mg Cholesterin

Gutsherrensalat

300 g Kartoffeln
2 Zwiebeln
100 g Essiggurken
100 g mageres Geselchtes
50 g roter Paprika
Essig, Senf, Pfeffer
1 Prise Salz
20 g Sonnenblumenöl
Schnittlauch

Kartoffeln kochen, erkalten lassen und in grobe Würfel schneiden. Zwiebel in Ringe, Gurkerln, Geselchtes und Paprika in Würfel schneiden.
Alle Zutaten vermengen.
Aus Essig, Öl, Senf und den Gewürzen eine Marinade bereiten, über den Salat gießen und gut durchziehen lassen.
Vor dem Servieren mit geschnittenem Schnittlauch bestreuen.

Nährwert pro Person:

327 kcal, 1370 kJ
11,8 g Eiweiß
6,8 g Fett
38,9 g Kohlenhydrate
42,7 mg Cholesterin

Rettichsalat

300 g weißer Rettich
20 g Öl
Essig
Salz
Knoblauch

Den Rettich schälen und grob reißen. Das Öl und die Gewürze vermengen. Den Rettich damit marinieren.

Nährwert pro Person:

112 kcal, 467 kJ
1,8 g Eiweiß
10,3 g Fett
2,9 g Kohlenhydrate
0,2 mg Cholesterin

Kopfsalat mit Kräutersauce

200 g grüner Salat
3 g Knoblauch
1 EL Maiskeimöl
Essig, frisch gemahlener Pfeffer
Salz
3 EL Wasser
30 g Zwiebel
20 g Radieschen
5 g feingehackte Kräuter
(Dill, Kresse, Petersilie,
Schnittlauch)

Die Salatblätter waschen, gut abtropfen lassen und zerpflücken. Aus dem Öl, dem zerdrückten Knoblauch, Essig, Pfeffer und Salz und nach Geschmack Wasser eine Marinade bereiten. Die Zwiebel schälen, kleinwürfelig schneiden und unter die Marinade rühren.
Die Radieschen putzen, waschen, in dünne Blättchen schneiden und zusammen mit den Kräutern in die Marinade geben.
Kurz vor dem Servieren die Salatblätter unter die Kräutersauce heben.

Nährwert pro Person:

97 kcal, 406 kJ
2,8 g Eiweiß
7,9 g Fett
4,6 g Kohlenhydrate
+Cholesterin

Truthahnsalat

250 g gebratenes Truthahnfleisch
100 g Honigmelone
100 g blaue Weintrauben
60 g Reis
1 EL Maiskeimöl
2 EL Weinessig
Chilisauce, 1 Prise Salz
Kokosraspeln

Reis kochen und erkalten lassen. Truthahnfleisch und Melone in Würfel schneiden; Trauben halbieren und entkernen.
Alle Zutaten vermengen.
Aus Öl, Essig, Chilisauce und Salz eine Marinade bereiten und über den Salat gießen.
Mit Kokosraspeln bestreut servieren.

Nährwert pro Person:

508 kcal, 2126 kJ
27,8 g Eiweiß
27,2 g Fett
38,3 g Kohlenhydrate
93 mg Cholesterin

Möhrenfrischkost

150 g Möhren
50 g Weintrauben
10 g Walnüsse
etwas Zitronensaft

Die Möhren putzen, waschen und grob raspeln. Die Weintrauben gründlich waschen, halbieren und entkernen.
Den Zitronensaft mit dem Honig in einer Schüssel verrühren. Die Nüsse hacken und zusammen mit den Möhrenraspeln und den Traubenhälften unter die Honigmarinade mischen.

Nährwert pro Person:

90 kcal, 377 kJ
1,8 g Eiweiß
3,3 g Fett
12,8 g Kohlenhydrate
0 mg Cholesterin

Sojasprossensalat

15 g Pflanzenöl
2 EL Weinessig
1 TL Sojasauce
Pfeffer, wenig Salz
100 g frische
Sojabohnensprossen
100 g Paprika

Öl, Essig, Pfeffer und Salz verrühren.
Die Sojabohnensprossen in einem Sieb unter fließendem kalten Wasser abspülen, abtropfen lassen.
Die Paprikaschoten halbieren, entstielen, entkernen, die weißen Scheidewände entfernen. Die Schoten waschen und in feine Streifen schneiden.
Sojabohnensprossen und Paprikastreifen mit der Sauce vermengen. Den Salat etwas durchziehen lassen. Mit Pfeffer und Salz abschmecken.

Nährwert pro Person:

109 kcal, 456 kJ
3,6 g Eiweiß
8,1 g Fett
4,1 g Kohlenhydrate
+Cholesterin

Fischsalat mit Gemüse

300 g Seelachsfilet
1 bis 2 EL Wasser
200 g gekochter Sellerie
100 g Gewürzgurken
50 g Zwiebel
100 g Tomaten
Dill, Petersilie
100 g Magerjoghurt
15 g Öl
Salz, Pfeffer oder Curry
Essig oder Zitronensaft

Fisch säubern, säuern, salzen und im Wasser gardünsten und erkalten lassen. Sellerie, Gewürzgurken und Zwiebel in Würfel schneiden. Petersilie und Dill fein hacken.
Alles mit dem Magerjoghurt vermengen und mit den Gewürzen abschmecken. Den Salat gut durchziehen lassen.

Nährwert pro Person:

306 kcal, 1280 kJ
32,1 g Eiweiß
9,1 g Fett
14,6 g Kohlenhydrate
50 mg Cholesterin

Hühnchen-Zucchini-Salat

200 ml Wasser
1 TL Curry
Pfeffer
wenig Salz
100 g Hirse
150 g gekochtes Hühnchenfleisch
150 g Zucchini
1 Frühlingszwiebel
1 TL Pflanzenöl
1 Becher Joghurt (1,5% Fett)
1 Knoblauchzehe
4 EL Basilikum
1 TL Weinessig
20 g abgezogene, gehackte Mandeln

Wasser mit Curry, Pfeffer und wenig Salz zum Kochen bringen. Die Hirse einstreuen, bei schwacher Hitze in etwa 20 Minuten ausquellen lassen. Das Hühnchenfleisch in kleine Stücke schneiden. Die Zucchini waschen, Stengelansatz und eventuell vorhandene braune Stellen abschneiden. Die Zucchini der Länge nach vierteln und dann in Scheiben schneiden. Die Frühlingszwiebel putzen, waschen und in feine Ringe schneiden. Zwiebeln und Zucchini im erhitzten Öl 2 bis 3 Minuten dünsten, mit etwas Pfeffer würzen.

Joghurt glattrühren. Die Knoblauchzehe abziehen, durch die Knoblauchpresse drücken und mit dem Joghurt, Basilikum und Essig verrühren. Mit Pfeffer und Salz würzen.

Die Sauce fein pürieren (wird dadurch grün) und mit dem Hühnchenfleisch, Hirse und Gemüse vermengen.

Den Salat etwa 30 Minuten ziehen lassen und die gerösteten Mandeln darüberstreuen.

Nährwert pro Person:

421 kcal, 1762 kJ
27,3 g Eiweiß
13,7 g Fett
42,7 g Kohlenhydrate
60 mg Cholesterin

Spargelsalat

300 g Spargel
30 g Mayonnaise (50% Fett)
Zitronensaft
Schnittlauch
Salz

Den Spargel anrichten, die untere Hälfte der Spargelstücke mit der mit Salz und Zitronensaft gewürzten Mayonnaise überziehen, mit feingeschnittenem Schnittlauch bestreuen.

Nährwert pro Person:

81 kcal, 339 kJ
3,1 g Eiweiß
8 g Fett
2,9 g Kohlenhydrate
7,8 mg Cholesterin

Tomatensalat

4 bis 6 Tomaten (300 g)
1/2 grüner Paprika (50 g)
100 g Cottage cheese (20% F. i. T.)
2 Knoblauchzehen
2 EL Sonnenblumenöl
2 EL Weinessig
1 Prise Salz
4 grüne Oliven
gehackte Petersilie

Tomaten und Oliven in Scheiben, Paprika in Ringe schneiden. Tomaten und Paprika in eine flache Schüssel legen, Cottage cheese daraufgeben, Petersilie und Oliven darüberstreuen und mit einer Marinade aus Essig, Öl, Salz und zerdrücktem Knoblauch übergießen.

Nährwert pro Person:

192 kcal, 803 kJ
8,6 g Eiweiß
13,3 g Fett
7,6 g Kohlenhydrate
7,2 mg Cholesterin

Kartoffelsalat

200 g gekochte Kartoffeln
50 g Zwiebel
50 g Magerjoghurt
Salz, Pfeffer, Zitronensaft

Die gekochten Kartoffeln würfelig schneiden.
Aus Magerjoghurt, Salz, Pfeffer und Zitronensaft ein Dressing bereiten und mit den Kartoffeln, den Zwiebeln und der gehackten Petersilie vermengen.

Nährwert pro Person:

90 kcal, 377 kJ
3,3 g Eiweiß
+Fett
18,2 g Kohlenhydrate
0 mg Cholesterin

Weiße Bohnen in grünem Dressing

150 g weiße Bohnen, eingeweicht
50 g Zwiebel
Knoblauch, 1 Lorbeerblatt
1/2 l Wasser
50 g grüner Paprika
50 g Frühlingszwiebel
50 g Joghurtdressing (Magerjoghurt +20 g beliebige Kräuter)
30 g abgetropftes Sardellenfilet
30 g schwarze Oliven

Lassen Sie die Bohnen abtropfen und geben Sie sie zusammen mit der geschnittenen Zwiebel, dem Knoblauch, dem Lorbeerblatt und dem Wasser in eine Kasserolle, lassen Sie sie aufkochen. Drehen Sie nun die Hitze zurück, decken Sie die Kasserolle zu und lassen Sie die Bohnen auf kleiner Flamme weiterkochen, bis sie weich sind. Dann seihen Sie sie ab und geben sie in die Kasserolle zurück. Rühren Sie nun den gehackten Paprika und die in Scheiben geschnittenen Frühlingszwiebeln ein und lassen die Mischung abkühlen. Sobald die Bohnen kalt sind, rühren Sie das Dressing ein und vermischen alles gut miteinander. Nun legen Sie eine Platte mit Salatblättern aus, geben die weißen Bohnen darauf und garnieren mit Sardellen und Oliven.

Nährwert pro Person:

356 kcal, 1490 kJ
22,7 g Eiweiß
11,9 g Fett
41,9 g Kohlenhydrate
18 mg Cholesterin

Geflügelsalat

200 g gekochte Hühnerbrust
1/2 Sellerieknolle
50 g Zwiebel
Zitronensaft, Salz, Pfeffer
80 g Weintrauben
3 grüne Oliven, mariniert
50 g Mandarinen
1/2 Becher Magerjoghurt

Das gekochte Hühnerfleisch in Würfel schneiden. Die Sellerieknolle nicht zu weich kochen und auch in Würfel schneiden.
Zitronensaft, Salz und Pfeffer zu einer Marinade verrühren und mit den Fleisch- und Selleriewürfeln und den gehackten Zwiebeln vermengen.
Weintrauben halbieren und entkernen und die Oliven in feine Scheiben schneiden.
Alle Zutaten mit dem Magerjoghurt vermischen und auf einem Salatblatt servieren.

Nährwert pro Person:

219 kcal, 916 kJ
24,6 g Eiweiß
6,3 g Fett
13,2 g Kohlenhydrate
7 mg Cholesterin

Käsesalat

100 g Edamer, 30 % Fett
1 roter Apfel (100 g)
1 Zwiebel (50 g)
1 EL Sonnenblumenöl
Zitronensaft, weißer Pfeffer
1 Prise Salz
Schnittlauch
2 Scheiben Knäckebrot

Aus Öl, Zitronensaft, geschnittenem Schnittlauch, Pfeffer und Salz eine Marinade bereiten.
Käse und Äpfel in Streifen, Zwiebel in Ringe schneiden und mit der Marinade übergießen.
Auf zwei Salatblättern verteilen und mit Knäckebrot servieren.

Nährwert pro Person:

309 kcal, 1293 kJ
16,3 g Eiweiß
16,3 g Fett
23,8 g Kohlenhydrate
27 mg Cholesterin

Radieschensalat

1 Bund Radieschen (100 g)
50 g Erbsen
1 EL Maiskeimöl
Apfelessig, Schnittlauch
weißer Pfeffer, Selleriesalz

Erbsen kochen und erkalten lassen. Aus Essig, Öl, Pfeffer und Salz eine Marinade bereiten.
Radieschen grob hobeln, mit den Erbsen vermengen und mit der Marinade übergießen.
Mit geschnittenem Schnittlauch bestreut servieren.

Nährwert pro Person:

95 kcal, 398 kJ
2,2 g Eiweiß
7,7 g Fett
3,9 g Kohlenhydrate
+Cholesterin

Thunfischsalat

1 Dose Thunfisch (150 g)
50 g Radicchiosalat
50 g roter Paprika
50 g grüner Paprika
1 Zwiebel (50 g)
50 g Salatgurke
1 EL Maiskeimöl
Apfelessig, Senf, Knoblauch
Pfeffer, 1 Prise Salz
2 schwarze Oliven
1 Tomate (50 g)

Thunfisch in einem Sieb abtropfen lassen; restliches Öl mit Küchenkrepp abtupfen.
Radicchio zerpflücken; Paprika und Zwiebel in Streifen, Gurke in Scheiben schneiden.
Alle Zutaten vermengen.
Aus Öl, Essig, Senf und Gewürzen eine Marinade bereiten und über den Salat gießen.
Salat mit Oliven und Tomatenvierteln garnieren.

Nährwert pro Person:

339 kcal, 1418 kJ
19,8 g Eiweiß
26,4 g Fett
5 g Kohlenhydrate
24 mg Cholesterin

Reissalat

100 g Naturreis
150 g Schinken
1 roter Paprika
1 grüner Paprika
2 EL Sonnenblumenöl
Saft einer Zitrone
gehackte Petersilie
Pfeffer
1 Prise Salz

Reis kochen und erkalten lassen. Schinken und Paprika in Würfel schneiden.
Aus Öl, Zitronensaft und den Gewürzen eine Marinade bereiten. Alle Zutaten vermengen, mit Marinade übergießen und ziehen lassen.

Nährwert pro Person:

448 kcal, 1874 kJ
19,6 g Eiweiß
20,9 g Fett
41,6 g Kohlenhydrate
63,9 mg Cholesterin

Broccolisalat

450 g Broccoli
200 g Spargel
5 Karotten (250 g)
2 EL Zitronensaft
2 EL Maiskeimöl
2 Zwiebeln (100 g)
gehackte Petersilie
Worcestersauce
Pfeffer, etwas Salz

Broccoli und Karotten kochen. Aus den Karotten mit dem Parisienneausstecher Kugeln stechen, Spargel in größere Stücke schneiden. Gemüse vermengen. Aus den übrigen Zutaten eine Marinade bereiten, über das Gemüse gießen und gut mischen; mit Petersilie bestreut servieren.

Nährwert pro Person:

188 kcal, 787 kJ
11,9 g Eiweiß
8,5 g Fett
15,6 g Kohlenhydrate
+Cholesterin

Selleriesalat

250 g Knollensellerie
50 g Stangensellerie
100 g Schinken
150 g Champignons
1 Apfel (100 g)
1 EL Maiskeimöl
2 EL Magerjoghurt
2 EL fettarme Mayonnaise (30% Fett)
2 EL gehackte Walnußkerne
gehackte Petersilie
Pfeffer, 1 Prise Salz
Salatblätter

Champignons schneiden und dünsten. Schinken und gekochte Knollensellerie in Streifen schneiden, rohe Stangensellerie in Ringe, Apfel in Würfel schneiden; alles gut miteinander vermengen.
Aus Mayonnaise, Joghurt, Öl und den Gewürzen eine Marinade bereiten und unter den Salat mischen.
Selleriesalat auf Salatblättern anrichten und mit Nüssen und Petersilie bestreuen.

Nährwert pro Person:

348 kcal, 1456 kJ
17,6 g Eiweiß
27,1 g Fett
14 g Kohlenhydrate
47 mg Cholesterin

Marokkanischer Salatteller

250 g Melone
150 g Äpfel
150 g geschälte Orangen
150 g Bananen
1 EL Maiskeimöl
50 g Magerjoghurt
50 g gekochte Kartoffel
Salz, Pfeffer, Curry

Die Melone schälen, in Vierteln schneiden, die Kerne entfernen und in Würfel schneiden. Den Apfel und die Banane in Scheiben, die Orange in Stücke schneiden. Öl, Magerjoghurt und Gewürze verrühren und mit den in Würfel geschnittenen Kartoffeln über den Salat geben.

Nährwert pro Person:

256 kcal, 1071 kJ
4,4 g Eiweiß
8,4 g Fett
40,9 g Kohlenhydrate
+Cholesterin

Karotten-Rettich-Salat

100 g Karotten
150 g weißer Rettich
100 g Chicoree
15 g Sonnenblumenöl
Essig, Salz, Knoblauch

Die Karotten und den geschälten weißen Rettich grob reißen; mit dem Chicoree vermengen.
Aus Öl, Essig, Salz und Knoblauch eine Marinade herstellen und über das Gemüse geben.

Nährwert pro Person:

100 kcal, 418 kJ
1,9 g Eiweiß
7,9 g Fett
3,9 g Kohlenhydrate
+Cholesterin

Gemüsesalat

200 g Wurzelgemüse
(Karotten, Sellerie, gelbe Rüben)
100 g Lauch
Salz, Essig
1 EL Öl

Das geputzte, kleingeschnittene Wurzelgemüse in Salzwasser garen. Den Lauch in Salzwasser garen und kleinschneiden. Das Gemüse vermengen. Essig, Öl und die übrigen Gewürze gut verrühren und das Gemüse damit marinieren.

Nährwert pro Person:

106 kcal, 444 kJ
2,9 g Eiweiß
7,8 g Fett
5,9 g Kohlenhydrate
+Cholesterin

Sauerkrautsalat

200 g Sauerkraut
100 g Orangensaft
100 g Apfel
1 Prise Salz

Das Sauerkraut lockerzupfen, klein schneiden und in eine Schüssel geben. Den Orangensaft darübergießen. Den Apfel schälen, vierteln, vom Kerngehäuse befreien und in das Sauerkraut raspeln.
Den Salat mischen und kurze Zeit durchziehen lassen.

Nährwert pro Person:

65 kcal, 272 kJ
1,9 g Eiweiß
0,7 g Fett
12,5 g Kohlenhydrate
0 mg Cholesterin

Spinat-Rohkost

20 g gehackte Walnußkerne
1 EL Pflanzenöl
Zitronensaft
Pfeffer, wenig Salz
100 g junger Spinat, vorbereitet

Die Walnußkerne ohne Fettzugabe unter ständigem Wenden rösten. Abkühlen lassen. Öl und Nüsse verrühren.
Mit Zitronensaft, Pfeffer und Salz würzen.
Den Spinat verlesen, sorgfältig waschen, gut abtropfen lassen.
Vor dem Servieren mit der Sauce vermengen, mit Salz und Pfeffer abschmecken.

Nährwert pro Person:

145 kcal, 607 kJ
2,77 g Eiweiß
13,85 g Fett
2,21 g Kohlenhydrate
0,2 mg Cholesterin

Feldsalat mit Tomaten

125 g Feldsalat
400 g Tomaten
50 g Zwiebel
2 EL Öl
Zitronensaft oder Essig
Salz, Pfeffer, Paprika

Den Feldsalat verlesen, gut waschen und abtropfen lassen. Die Tomaten in Achteln und die Zwiebeln würfelig schneiden. Öl, Zitronensaft oder Essig, Salz, Pfeffer und Paprika verrühren und alles zusammen in einer Schüssel gut mischen.

Nährwert pro Person:

119 kcal, 498 kJ
3,47 g Eiweiß
8,25 g Fett
8,18 g Kohlenhydrate
+Cholesterin

Russischer Salat

100 g Kartoffeln
100 g Rote Bete
100 g weiße Bohnen
(aus der Dose)
100 g Karotten
100 g Magerjoghurt
3 EL gehackte Petersilie

Kartoffeln, Karotten und Rote Bete kochen und würfelig schneiden. Mit den Bohnen, Joghurt und der Petersilie vermengen.

Nährwert pro Person:

251 kcal, 1050 kJ
80,3 g Eiweiß
3 g Fett
44,3 g Kohlenhydrate
0 mg Cholesterin

Fleischsalatbombe

100 g gekochtes Rindfleisch
70 g Karotten
50 g Champignons
50 g Essiggurkerln
50 g Erbsen
1 Apfel
1 El Sonnenblumenöl
Kapern, gehackte Petersilie
Pfeffer, Salz, Aspik
100 g Tomaten

Flüssigen Aspik in eine Bombenform streichen und erstarren lassen.
Gedünstete Karotten und Champignons blättrig schneiden. Rindfleisch und Essiggurkerln in feine Streifen, Apfel in Würfel schneiden; Erbsen kochen.
Karotten und Champignons in flüssigen Aspik tauchen und die Form damit auslegen.
Aus den restlichen Zutaten einen Salat zubereiten, in die Form füllen und mit dem restlichen Aspik übergießen; für 1 bis 1 1/2 Stunden in den Kühlschrank stellen. Fleischsalatbombe kurz in heißes Wasser tauchen und dann auf einen Glasteller stürzen.
Mit Tomatenachteln garnieren.

Nährwert pro Person:

241 kcal, 1006 kJ
16,5 g Eiweiß
13,9 g Fett
11 g Kohlenhydrate
52,6 mg Cholesterin

Birnen-Käse-Salat

100 g Birnen
50 g Edamer, 30% F. i.T.
40 g Kefir
10 g Öl
Zitronensaft, Muskat
eventuell Salz
10 g Salzmandeln

Die Birnen und den Käse nudelig schneiden.
Kefir, Öl und die Gewürze vermengen, den Käsesalat damit marinieren.
Die Salzmandeln stiftelig schneiden, den angerichteten Salat damit bestreuen.

Nährwert pro Person:

175 kcal, 730 kJ
8,5 g Eiweiß
12,6 g Fett
6,3 g Kohlenhydrate
15,8 mg Cholesterin

HAUPTSPEISEN

Paprikatopf

300 g Rindfleisch (sehr mager)
15 g Öl
Salz, Pfeffer
Paprika- und Knoblauchpulver
1 Lorbeerblatt
250 ml Suppe
400 g grüne Paprika
50 g Zwiebel
250 g Kartoffeln
250 g Tomaten
Petersilie, Prise Zucker

Das Fleisch kalt abspülen, mit Küchenkrepp trockentupfen und in zwölf gleich große Würfel zerteilen. Das Öl in einem Schmortopf erhitzen und die Fleischwürfel darin von allen Seiten anbraten. Die Gewürze nach Geschmack einstreuen und das Lorbeerblatt zugeben. Alles gut miteinander vermischen. 1/8 l Suppe angießen. Das Fleisch zugedeckt etwa 20 Minuten bei mittlerer Hitze schmoren lassen. Die Paprikaschoten in Streifen schneiden. Die Zwiebel fein würfeln. Die Paprikastreifen und die Zwiebelwürfel zum Fleisch geben. Die restliche Flüssigkeit angießen. Weitere 15 Minuten zugedeckt garen. Die Kartoffeln schälen, und in große Würfel schneiden. Ebenfalls in den Topf füllen und etwa 10 Minuten mitgaren. Die Tomaten kreuzweise einritzen, mit kochendheißem Wasser überbrühen, häuten und achteln; dabei den Stielansatz entfernen. Die Tomatenachtel in den Eintopf geben, evtl. mit Petersilie bestreuen.

Nährwert pro Person:

392 kcal, 1641 kJ
38,8 g Eiweiß
11,6 g Fett
31,5 g Kohlenhydrate
105,1 mg Cholesterin

Gefüllte Zucchini

3 große Zucchini (500 g)
125 g mageres Faschiertes
1 Zwiebel (50 g)
50 g Magertopfen
1 TL Stärkemehl (3 g)
20 g Margarine
Pfeffer, Salz

Zucchini halbieren, aushöhlen und salzen.
Zucchinifleisch hacken, mit dem Faschierten, der würfelig geschnittenen Zwiebel und Magertopfen vermischen, würzen und in die Zucchinihälften füllen.
Zucchini in zerlassene Margarine legen, mit etwas Wasser aufgießen und ca. 20 Minuten dünsten.
Zucchini aus dem Saft nehmen und warmstellen. Saft, wenn nötig, aufgießen und mit abgerührter Stärke binden.

Nährwert pro Person:

314 kcal, 1313 kJ
20,2 g Eiweiß
21,7 g Fett
9,4 g Kohlenhydrate
41 mg Cholesterin

Schwammerlgulasch

250 g Champignons
100 g Kartoffeln
100 g Zwiebel
20 g Margarine
10 g Vollkornmehl
20 g Magerjoghurt
Zitronensaft
Paprikapulver, Pfeffer
Prise Salz, gehackte Petersilie

Zwiebel fein hacken und in Margarine glasig anlaufen lassen; Paprika und Zitronensaft dazugeben. Kartoffeln in Würfel, Schwammerln klein schneiden, zur Zwiebel geben, pfeffern, salzen und zugedeckt dünsten.
Wenn die Schwammerln weich sind, mit Vollkornmehl stauben und mit Joghurt und frischer Petersilie verfeinern.

Nährwert pro Person:

163 g kcal, 682 kJ
6,2 g Eiweiß
9,8 g Fett
14,3 g Kohlenhydrate
0,1 mg Cholesterin

Zigeuner-Pastetchen

(12 Stück)

Hefeteig:

20 g Hefe
125 ml lauwarmes Wasser
30 g Pflanzenöl
Muskat
1 TL Kräuter der Provence
wenig Salz
225 g Mehl

Zum Bestreichen:

30 g Milch

Füllung:

1 Zwiebel
80 g Paprikaschoten
80 g Staudensellerie
80 g Zucchini
5 g Pflanzenöl
Paprika edelsüß
Pfeffer
50 g Jagdwurst
1 EL gehackte Petersilie
50 g Magerquark
wenig Salz

Für den Teig: Die Hefe in einer Schüssel mit 2 bis 3 EL Wasser verrühren, bis sie sich vollkommen aufgelöst hat. Das restliche Wasser dazugießen. Öl, Muskat, Kräuter der Provence und wenig Salz dazugeben. Das Mehl unterrühren. Den Teig so lange kräftig schlagen, bis er sich vom Schüsselrand löst. Zugedeckt an einem warmen Platz etwa 20 Minuten gehen lassen.

Für die Füllung: Die Zwiebel würfelig schneiden, die Paprikaschote halbieren, entstielen, entkernen, die weißen Scheidewände entfernen. Die Schote waschen. Staudensellerie, Zucchini und Paprikaschote in kleine Würfel schneiden. Die Zwiebelwürfel im erhitzten Öl glasig dünsten lassen. Das übrige Gemüse hinzufügen, mit Paprika und Pfeffer würzen, bei schwacher Hitze 4 bis 5 Minuten dünsten lassen. Abkühlen lassen. Die Wurst in kleine Würfel schneiden, zusammen mit Petersilie und Quark unter das Gemüse mischen. Evtl. mit wenig Salz abschmecken.

Den gegangenen Teig nochmals gut durchkneten, auf einer bemehlten Arbeitsfläche zu einem Rechteck ausrollen. Zwölf gleichgroße Quadrate ausschneiden. Auf jedes Teigstück etwas von der Füllung geben, zu Dreiecken oder Rechtecken überklappen. Die Ränder mit einer in Mehl getauchten Gabel andrücken. Die Teigstücke auf ein gefettetes Backblech legen, mit Milch bestreichen. 20 bis 25 Minuten backen.

Nährwert pro Pastetchen:

116 kcal, 486 kJ
3,7 g Eiweiß
4,7 g Fett
14,7 g Kohlenhydrate
3,9 mg Cholesterin

Schlemmertoast

4 Scheiben (200 g) Vollkornbrot
20 g Margarine
100 g gekochter Schinken
in dünnen Scheiben
20 g magerer Schmelzkäse
2 Tomaten
Senf, Pfeffer, Prise Salz

Brote mit Margarine und etwas Senf bestreichen. Schinken und Tomatenscheiben auf die Brote legen und würzen. Brote mit Käse belegen und im Rohr 3 Minuten überbacken.

Nährwert pro Person:

406 kcal, 1699 kJ
20,2 g Eiweiß
17,6 g Fett
1,1 g Kohlenhydrate
48 mg Cholesterin

Getoastete Truthahnsandwiches

100 g Truthahnfleisch
50 g Joghurtdressing
100 g Mais
50 g Sellerie
50 g Magertopfen
200 g Vollkornbrot
50 g Tomaten
Senf, Kresse

Vermischen Sie das Truthahnfleisch, das Salatdressing, die Sellerie, den Topfen und die Maiskörner miteinander. Verteilen Sie die Masse auf vier Brotscheiben und legen Sie die übrigen vier Scheiben darauf. Geben Sie die Sandwiches unter den Grill und toasten Sie sie auf beiden Seiten. Garnieren Sie die Sandwiches mit Tomatenscheiben, die Sie überlappend auflegen und Kresse. Heiß servieren.

Joghurtdressing: 50 g Magerjoghurt mit Zitronensaft, Salz und Pfeffer verrühren.

Nährwert pro Person:

432 kcal, 1808 kJ
23,8 g Eiweiß
15,4 g Fett
13,5 g Kohlenhydrate
38,5 mg Cholesterin

Gemüsetoast mit Kräutersauce

4 Scheiben Toastbrot
20 g Margarine
2 Zucchini (100 g)
2 bis 3 Karotten (100 g)
150 g Broccoli
150 g Karfiol
4 Scheiben Schmelzkäse, mager
Paprikapulver
Pfeffer, Prise Salz

Broccoli und Karfiol zerteilen, Zucchini und Karotten in dicke Scheiben schneiden. Gemüse in 10 g Margarine weich dünsten. Brote mit Margarine bestreichen und das Gemüse darauf anrichten, mit Käse belegen und mit Paprika bestreuen; evtl. im Rohr bei starker Hitze überbacken.

Kräutersauce: 100 g Magertopfen, 5 EL Magerjoghurt und 1 EL Sonnenblumenöl gut abrühren und mit gehackten Kräutern (Petersilie, Schnittlauch, Dille, Kerbel, Basilikum) mischen; mit weißem Pfeffer und 1 Prise Salz würzen.

Nährwert pro Person:

411 kcal, 1719 kJ
25,3 g Eiweiß
17 g Fett
46,8 g Kohlenhydrate
8,8 mg Cholesterin

Forelle mit Dill und Fenchel

400 g Forellen
10 g Zitronensaft
Salz
30 g Dill und Fenchelgrün
50 g Zwiebel

Zum Bestreichen:
2,5 g Diätöl

Die Forellen unter fließendem kalten Wasser innen und außen abspülen und mit Küchenkrepp trockentupfen. Die Forellen außen mit Zitronensaft beträufeln, innen leicht salzen. Den Dill und das Fenchelgrün waschen und trockentupfen. Die Zwiebel schälen und in sehr feine Würfel schneiden. Den Dill sowie das Fenchelgrün fein schneiden und mit den Zwiebelwürfeln mischen, dann gleichmäßig in die Forellen verteilen. Die Öffnungen mit Holzstäbchen zustecken. Den Grill vorheizen. Ein großes Stück Alufolie mit dem Öl bepinseln und auf den Grillrost legen. Die Forellen auf der Folie bei mittlerer Hitze etwa 15 Minuten garen, während des Grillens einmal wenden.

Nährwert pro Person:

279 kcal, 1167 kJ
39,4 g Eiweiß
12,9 g Fett
1,3 g Kohlenhydrate
110,2 mg Cholesterin

Kalorienarmer Aufstrich

200 g rote Äpfel,
in Scheiben geschnitten
1 TL Gelatinepulver in
60 ml heißem Wasser aufgelöst
60 g Magertopfen (20% F. i. T.)

Geben Sie die Äpfel und ein wenig Wasser in eine Kasserolle und verkochen Sie sie zu weichem Mus. Stellen Sie die Kasserolle beiseite und lassen Sie das Mus abkühlen. Geben Sie das Apfelmus, die aufgelöste Gelatine, den Topfen in den Mixer und pürieren Sie alle Zutaten.
Lassen Sie die Mischung nun fest werden.
Dieser Aufstrich kann für einfache Kekse, Gebäck und Windbeutel verwendet werden, läßt sich auch mit einem Dressiersack aufspritzen, hält sich in einem abgeschlossenen Behälter längere Zeit im Kühlschrank und kann auch eingefroren werden.

Nährwert pro Person:

81 kcal, 340 kJ
4,8 g Eiweiß
2,1 g Fett
11,9 g Kohlenhydrate
5,1 mg Cholesterin

Karfiol mit Kräutersauce

300 g Karfiol
Salz
40 g Kefir
Zwiebel
Petersilie
Schnittlauch
Kapern

Den Karfiol in Salzwasser weichkochen. Den Kefir mit den sehr fein gewiegten Kräutern und Kapern verrühren und über den Karfiol geben.

Nährwert pro Person:

81 kcal, 340 kJ
8,5 g Eiweiß
1,3 g Fett
18,3 g Kohlenhydrate
2,2 mg Cholesterin

Gefüllte Tomaten

2 Tomaten
50 g Lachsschinken
50 g Edamer (30% F. i.T.)
50 g Spargel
20 g Mayonnaise (30% Fett)
Petersilie

Die Tomaten aushöhlen, Käse, Lachsschinken, Spargel und das feste Tomateninnere kleinschneiden und mit der gewürzten Mayonnaise vermengen. Die ausgehöhlten Tomaten damit füllen und mit gehackter Petersilie bestreut servieren.

Nährwert pro Person:

161 kcal, 676 kJ
14,9 Eiweiß
10,1 g Fett
2,2 g Kohlenhydrate
39,5 mg Cholesterin

Grünkernküchle

5 g Pflanzenöl
1 kleine Zwiebel
100 g Porree (Lauch)
100 g Möhren
100 g Sellerieknolle
1 TL Grünkernschrot
250 ml Wasser
Muskat, Majoran gerebelt
Pfeffer, wenig Salz
2 EL gehackte glattblättrige Petersilie
50 g Magertopfen
15 g Pflanzenöl

Den Porree (Lauch) putzen, der Länge nach halbieren, sorgfältig waschen, in feine Streifen schneiden. Die Möhren schälen. Die Sellerieknolle schälen. Beide Zutaten waschen, grob oder fein raspeln. Die Zwiebel feinwürfelig schneiden und im erhitzten Öl goldgelb rösten. Das Gemüse unterrühren, kurz andünsten. Grünkernschrot einrühren, Wasser, Muskat, Majoran, Pfeffer und wenig Salz hinzufügen.

Bei schwacher Hitze 12 bis 15 Minuten garen lassen.

Petersilie und Topfen unter die etwas abgekühlte Masse rühren, kräftig abschmecken.

Aus der Masse mit nassen Händen 6 bis 8 Küchle formen.

Im erhitzten Öl bei nicht zu starker Hitze knusprig backen.

Nährwert pro Person:

272 kcal, 1138 kJ
10,5 g Eiweiß
18,8 g Fett
14,1 g Kohlenhydrate
0,5 mg Cholesterin

Forelle mit Dill und Fenchel

Rezept Seite 94

Fische sollten mindestens zweimal wöchentlich auf den Speisezettel!

Letscho

Rezept Seite 97

Mit frischen Zutaten eine herrliche Gemüsevariation zu heurigen Kartoffeln.

Spaghetti

Rezept Seite 98

Die Tomatensauce kann man mit Knoblauch, Paprika, Zwiebeln und anderem Gemüse würzig abschmecken.

Zum Kochen

Verwenden wir Töpfe und Pfannen, die fettarmes Braten und Backen erlauben. Der Römertopf ist besonders gut geeignet, genauso Edelstahlgeschirr.

Letscho

2 bis 4 Tomaten (200 g)
1 roter Paprika (100 g)
1 grüner Paprika (100 g)
2 Zucchini (200 g)
1 Zwiebel (50 g)
20 g Margarine
1 Rindsuppenwürfel
Pfeffer, Prise Salz
gehackte Petersilie
500 g Kartoffeln

Tomaten vierteln, Paprika und Zwiebel in Streifen und die Zucchini in Scheiben schneiden. Zwiebeln in Margarine glasig anlaufen lassen, Tomaten, Paprika und Zucchini dazugeben, pfeffern, salzen und weichdünsten. Rindsuppenwürfel einbröseln, abschmecken und mit Petersilie bestreut servieren.

Nährwert pro Person:

319 kcal, 1336 kJ
10,4 g Eiweiß
9,5 g Fett
48,7 g Kohlenhydrate
0,1 mg Cholesterin

Sojapuffer

200 g Kartoffeln
1 Ei
10 g Sojamehl
Magermilch
geriebene Muskatnuß
Prise Salz
30 g Sonnenblumenöl

Kartoffeln kochen, erkalten lassen und reiben.
Aus Mehl, Ei, Kartoffeln, Milch, Salz und Muskatnuß einen Teig bereiten und zu einer dicken Rolle formen.
1/2 cm dicke Scheiben abschneiden und in heißem Öl ausbacken.

Nährwert pro Person:

261 kcal, 1090 kJ
4,9 g Eiweiß
14,8 g Fett
20 g Kohlenhydrate
132,4 mg Cholesterin

Spaghetti mit Tomatensugo

300 g abgezogene Tomaten
Salz, Zucker
Oregano oder Basilikum
Essig
100 g Nudeln (ohne Ei)

Die Tomaten klein schneiden und mit den Gewürzen im eigenen Saft dick einkochen.
Spaghetti in Salzwasser kochen.
Tomatensugo über die Spaghetti gießen.

Nährwert pro Person:

231 kcal, 967 kJ
8,8 g Eiweiß
0,6 g Fett
46,4 g Kohlenhydrate
0 mg Cholesterin

Kräuterrisotto

150 g Naturreis
2 EL Margarine
1/4 l Rindsuppe
100 g Zwiebel
Petersilie, Dille
Kerbel, Sauerampfer
Löwenzahn, weißer Pfeffer
Prise Salz, Zitronensaft

Zwiebel und alle Kräuter fein hacken. Zwiebeln in Margarine anrösten, Reis dazugeben und glasig werden lassen; mit Rindsuppe aufgießen und weichdünsten. Reis würzen und mit den Kräutern vermischen.

Nährwert pro Person:

395 kcal, 1653 kJ
6,3 g Eiweiß
13,1 g Fett
62,9 g Kohlenhydrate
0,15 mg Cholesterin

Grünkernauflauf

125 g Grünkernschrot
1/2 l Mineralwasser
1 EL Maiskeimöl
1 EL Buchweizenmehl
1 EL Magertopfen
Basilikum, Liebstöckel
Estragon, Prise Salz
Margarine für den Topf

Mineralwasser salzen, Öl dazugeben und den geschroteten Grünkern darin quellen lassen. Fein geschnittene Kräuter, Buchweizenmehl und Topfen dazugeben; würzen. Masse in einen befetteten Römertopf füllen und bei mittlerer Hitze 1/2 bis 3/4 Stunde im Rohr backen.

Nährwert pro Person:

281 kcal, 1176 kJ
11,4 g Eiweiß
6,8 g Fett
44 g Kohlenhydrate
0,35 mg Cholesterin

Paprikaschoten mit Pilzfüllung

4 Stk. Paprika
100 g Semmelwürfel (alte Semmeln)
1 Eiklar
1/8 l Magermilch
20 g Kleie
40 g Schinken
60 g Zwiebel
10 g Öl
200 g Champignons
1/4 l Suppe
gehackte Petersilie
Muskat, Salz
Pfeffer oder Paprika

Paprikaschoten zum Füllen vorbereiten. Die Weizenkleie mit Wasser anfeuchten, 20 bis 30 Minuten ziehen lassen (ab und zu rühren). Eiklar und Milch vermengen, Semmelwürfel dazugeben. Schinken klein würfeln und mit Zwiebelwürfel in Öl kurz anbraten. Champignons klein schneiden und kurz mitdünsten. Alle Zutaten mit der Semmelmasse und der Suppe vermengen, mit Salz, gehackter Petersilie, Muskat, Pfeffer oder Paprika gut würzen. Die Paprikaschoten damit füllen, mit wenig Wasser angießen und das Gericht 20 bis 25 Minuten garen.

Nährwert pro Person:

331 kcal, 1385 kJ
17,7 g Eiweiß
11,5 g Fett
37,1 g Kohlenhydrate
17,1 mg Cholesterin

Kartoffel-Gemüse-Laibchen

250 g Kartoffeln
20 g Zwiebel
30 g Karotten
30 g Erbsen
20 g Margarine
50 g Vollkornmehl
Salz, Pfeffer
1 Eiklar
Pflanzenöl zum Braten

Kartoffeln schälen und in Salzwasser kochen, passieren, Zwiebel fein hacken und in Margarine anrösten, Karotten und Erbsen in Salzwasser weich kochen, die Kartoffelmasse mit Eiklar, Vollkornmehl und Salz vermischen, Gemüse dazugeben, Laibchen formen und in Pflanzenöl herausbraten.

Nährwert pro Person:

300 kcal, 1255 kJ
11 g Eiweiß
13,6 g Fett
36,9 g Kohlenhydrate
0,2 mg Cholesterin

Kalbssteak

250 g Kalbsfilet
Salz, Petersilie
10 g Öl

Zwei Scheiben Kalbsfilet mit Salz und reichlich gehackter Petersilie würzen und beidseitig in wenig Öl abbraten. Zum »Saftziehen« einige Minuten in der Pfanne zugedeckt stehen lassen. Anrichten. Den Bratensatz mit 2 bis 3 EL Wasser aufgießen, einkochen und über die Steaks geben.

Nährwert pro Person:

165 kcal, 690 kJ
25,9 g Eiweiß
6,8 g Fett
0,2 g Kohlenhydrate
112,5 mg Cholesterin

Kalbsschnitzel mit Champignons und grünen Bohnen (Fisolen)

300 g Kalbsschnitzel
10 g Öl
50 g Zwiebel
10 g Sherry, trocken
2 EL Wasser
100 g Magerjoghurt
100 g Champignons
250 g Fisolen
Zitronensaft
Petersilie
Knoblauch, zerdrückt
Pfeffer

Mischen Sie zunächst Zitronensaft, Knoblauch und Pfeffer für die Beize und träufeln Sie diese über das Kalbfleisch. Decken Sie dieses zu und lassen Sie es 1 Stunde lang ziehen. Abtropfen lassen. Erhitzen Sie das Öl in einer beschichteten Bratpfanne und braten Sie die Schnitzel auf beiden Seiten 3 bis 4 Minuten bzw. bis sie gebräunt sind, an. Geben Sie sie auf eine Platte und stellen Sie sie warm.

Gießen Sie das Wasser in die Bratpfanne und lassen Sie den Bratenfond 1 Minute lang aufkochen, bis sich die Rückstände aufgelöst haben. Geben Sie die feingehackte Zwiebel dazu und dünsten Sie sie langsam weich. Das Wasser soll zur Gänze verdunsten. Rühren Sie nun den Sherry und die blättrig geschnittenen Champignons ein. Geben Sie das Joghurt, die Petersilie und die Gewürze dazu. Erhitzen Sie die Sauce vorsichtig, so daß sie nicht zu kochen beginnt. Geben Sie sie mit einem Löffel über das Kalbfleisch. Richten Sie nun die gekochten grünen Bohnen rund um das Fleisch auf der Platte an.

Nährwert pro Person:

294 kcal, 1229 kJ
37,8 g Eiweiß
9 g Fett
12,6 g Kohlenhydrate
107,6 mg Cholesterin

Truthahnschnitzel in Selleriesauce

250 g Truthahnschnitzel
Salz
20 g Öl
100 g Sellerie
20 g Magerjoghurt
evtl. Senf

Das geklopfte, gesalzene Truthahnschnitzel in Öl beidseitig anbraten, die grob gerissene Sellerie dazugeben, mit etwas Wasser und Joghurt aufgießen und weichdünsten. Das Fleisch herausnehmen, evtl. Gemüsestücke abstreifen und anrichten. Die Sauce passieren und evtl. mit Senf würzen und über das Fleisch geben.

Nährwert pro Person:

245 kcal, 1023 kJ
31,3 g Eiweiß
12,4 g Fett
1,9 g Kohlenhydrate
78,6 mg Cholesterin

Pfefferfilets

Pfefferkörner
Salz
10 g Vollkornmehl
300 g Fischfilet (Scholle)
10 g Öl
50 g Zwiebel
Petersilie
Worcestersauce
Zitronensaft

Zerdrückte Pfefferkörner, Salz und Vollkornmehl vermengen. Die Fischfilets darin wenden, dann beidseitig in Öl braten, warmstellen. Feingehackte Zwiebeln in der Bratpfanne rösten, gehackte Petersilie dazugeben, durchrösten, mit 2 bis 3 EL Wasser aufgießen und etwas einkochen lassen. Fertig würzen.

Nährwert pro Person:

184 kcal, 770 kJ
26,8 g Eiweiß
6,5 g Fett
4,2 g Kohlenhydrate
82,6 mg Cholesterin

Hühnersteak mit grüner Pfeffersauce

250 g Hühnerschnitzel
ohne Haut
10 g Öl
Salz
50 g Zwiebel
10 g Vollkornmehl
grüner Pfeffer
20 g Kaffeeobers

Die Hühnerschnitzel einölen, salzen, mit Zwiebelringen belegen und 1/2 Stunde ziehen lassen. Die Zwiebel abstreifen und die Schnitzel beidseitig in Öl braten und warm stellen. Das Vollkornmehl in die Bratpfanne geben, etwas durchrösten, mit 2 bis 4 EL Wasser und Kaffeeobers aufgießen, den grünen Pfeffer dazugeben und etwas einkochen.

Nährwert pro Person:

203 kcal, 849 kJ
29,8 g Eiweiß
7,4 g Fett
6,6 g Kohlenhydrate
78,5 mg Cholesterin

Schollenfilet in Alufolie

300 g Schollenfilet
Salz, Zitronensaft
Petersilie
5 g Öl

Ein Stück Aluminiumfolie dünn mit Öl bepinseln. Das Schollenfilet darauflegen, würzen, in die Folie einpacken und im Backrohr bei 200 °C 20 Minuten braten.

Nährwert pro Person:

140 kcal, 584 kJ
25,8 g Eiweiß
3,8 g Fett
0,2 g Kohlenhydrate
82,5 mg Cholesterin

Hackbraten in Bratfolie

250 g Tatar
1 Eiweiß
70 g Magertopfen
25 g Semmelbrösel
50 g Zwiebel
Pfeffer, Salz, Thymian

Die Zwiebel schälen und feinwürfelig schneiden. Aus dem Tatar, der feingewürfelten Zwiebel, den Gewürzen, dem Eiweiß, dem Topfen, den Semmelbröseln und dem Wasser einen Fleischteig bereiten.

Den Backofen auf 250 °C vorheizen. Etwa 100 g Teigmasse für die Diätmahlzeit abwiegen und daraus einen länglichen Laib formen. Das restliche Hackfleisch noch mit 1 Eigelb und 1 EL Semmelbröseln vermischen und ebenfalls zu einem Laib formen. Beide Hackbraten zusammen in die Klarsichtfolie schieben. Die Folie nach Vorschrift verschließen. Das Paket auf den Rost legen und im vorgeheizten Backofen (untere Schiene) bei mittlerer Hitze in etwa 40 Minuten braun backen.

Nährwert pro Person:

214 kcal, 896 kJ
34,4 g Eiweiß
4,2 g Fett
9,7 g Kohlenhydrate
87,9 mg Cholesterin

Putenschnitzel in Alufolie

250 g Putenschnitzel
Salz
frisch gemahlener weißer Pfeffer
Rosmarin
2 EL Wasser
1/8 l Wasser für den Topf
5 g feingehackte Petersilie

Die Putenschnitzel kalt abspülen, mit Küchenkrepp trockentupfen, salzen, pfeffern und mit Rosmarin einreiben.

Die gewürzten Schnitzel einzeln unter Zugabe von je 1 EL Wasser in Alufolie einpacken. In einem flachen, breiten Topf 1/8 l Wasser zum Kochen bringen. Die Päckchen nebeneinander hineinsetzen und die Schnitzel zugedeckt etwa 30 Minuten garen.

Vor dem Servieren die Folie öffnen und auf jedes Putenschnitzel Petersilie streuen.

Nährwert pro Person:

133 kcal, 555 kJ
30,2 g Eiweiß
1,3 g Fett
0,2 g Kohlenhydrate
75 mg Cholesterin

Krautfleckerln

100 g Fleckerln
Salz
200 g Weißkraut
Kümmel
50 g Zwiebel
20 g Öl
Majoran, Pfeffer

Die Fleckerln in Salzwasser kochen. Das Weißkraut so klein wie nur möglich schneiden oder feste Krautköpfe am Reibeisen reißen, mit Kümmel und Salz vermengen, 1/2 Stunde ziehen lassen. Etwas gehackte Zwiebel in Öl anlaufen lassen, das Kraut dazugeben und mit Majoran im eigenen Saft weichdünsten. Mit Pfeffer würzen und unter die Fleckerln mengen.

Nährwert pro Person:

294 kcal, 1229 kJ
8,1 g Eiweiß
11,8 g Fett
38,9 g Kohlenhydrate
47,2 mg Cholesterin

Eintopf mit Mischgemüse

100 g gekochtes Rindfleisch
100 g Karotten
100 g Lauch
100 g Karfiol
100 g Sellerie
100 g Bohnen
100 g Tomaten
Schnittlauch,
Suppe
Thymian
getrocknete Kräutermischung

Wärmen Sie das Backrohr auf 170 °C (Gas Stufe 3) vor. Schichten Sie abwechselnd das Fleisch, das Gemüse (ausgenommen die Tomaten) und die Bohnen in eine große Kasserolle und streuen Sie auf die einzelnen Schichten die Kräuter und Gewürze. Zuoberst kommen die Tomaten, die Sie etwas überlappend anordnen. Füllen Sie bis knapp unterhalb der Tomaten mit Suppe auf. Backen Sie die Zutaten zugedeckt 45 bis 50 Minuten lang im Backrohr. Bestreuen Sie das Gericht mit Schnittlauch und bringen Sie die Kasserolle direkt zu Tisch.

Nährwert pro Person:

294 kcal, 1232 kJ
8,1 g Eiweiß
5,3 g Fett
33,3 g Kohlenhydrate
35 mg Cholesterin

Gefüllte Kohlrabi

60 g Rollgerste
20 g getrocknete Steinpilze
50 g Karotten
Salz, Majoran
40 g Corned beef
4 mittelgroße Kohlrabi, vorgedünstet
10 g Öl
100 g Tomaten
Oregano

Die Rollgerste mit den Trockenpilzen, der geschnittenen Karotte, Salz und Majoran weichkochen und Corned beef dazugeben. Vier mittelgroße Kohlrabi aushöhlen, mit der Rollgerste füllen, in eine mit Öl befettete Form geben. Die kleingeschnittenen, abgezogenen Tomaten mit Oregano hinzufügen und weichdünsten.

Nährwert pro Person:

229 kcal, 959 kJ
12,3 g Eiweiß
7,4 g Fett
28,5 g Kohlenhydrate
14,1 mg Cholesterin

Kräuterkarfiol mit Käse

300 g Karfiol
Salz
20 g Margarine
40 g Hartkäse 30% F. i. T.

Den Karfiol in Salzwasser garen, in eine befettete Auflaufform geben, mit Margarine und Käsescheiben belegen und überbacken.

Nährwert pro Person:

179 kcal, 751 kJ
12,6 g Eiweiß
11,7 g Fett
5,7 g Kohlenhydrate
10,9 mg Cholesterin

Majoranrindschnitzel

250 g Beiried
Salz, Pfeffer, Majoran
5 g Vollkornmehl
10 g Öl
20 g Magerjoghurt

Zwei dünn ausgeklopfte Beiriedscheiben mit Salz, Pfeffer, Majoran würzen, eine Seite mit Mehl bestäuben. Beidseitig — mit der bemehlten Seite zuerst — in Öl anbraten, aufgießen und weichdünsten. Anrichten.

Den Bratensaft je nach Konsistenz aufgießen und einkochen, eventuell mit Majoran und Joghurt würzen.

Nährwert pro Person:

208 kcal, 870 kJ
25 g Eiweiß
10,7 g Fett
4,6 g Kohlenhydrate
87,6 mg Cholesterin

Hühnereintopf mit Lauch

150 g Kartoffeln
Kümmel, Salz
50 g Schinken
150 g Lauch
2 Hühnerbrüste
Majoran
10 g Öl

In einen Topf lagenweise einschichten: die mit Salz und Kümmel gewürzten, kleingeschnittenen Kartoffeln, Schinkenscheiben, den in 1 cm lange Stücke geteilten Lauch, die mit Salz und Majoran gewürzten Hühnerbrüste. Das Öl darüberträufeln. 2 bis 3 EL Wasser dazugeben und zugedeckt im Rohr bei 220° gardünsten (ca. 50 bis 60 Minuten).

Nährwert pro Person:

265 kcal, 1109 kJ
31 g Eiweiß
9,4 g Fett
14,2 g Kohlenhydrate
81,4 mg Cholesterin

Pikante Scholle

200 g Scholle
50 g Zwiebel
100 g Zucchini
100 g Erbsen
Zitronensaft
Kapern
Petersilie
10 g Margarine

Mischen Sie die Zwiebel und die Zucchini mit den Erbsen, Kapern, der Hälfte der Petersilie und den Gewürzen. Geben Sie die Gemüsemasse zusammen mit ein wenig Wasser in eine Kasserolle, decken Sie diese zu und garen Sie die Mischung, bis sie halb weich ist.

Legen Sie die Scholle in eine flache, beschichtete Backform und beträufeln Sie sie mit Zitronensaft. Häufen Sie die Gemüsemasse auf den Fisch. Verteilen Sie Margarineflöckchen darauf, decken Sie die Form zu und backen Sie den Fisch 20 bis 25 Minuten bzw. bis alles gar ist. Streuen Sie die restliche Petersilie darüber und servieren Sie das Gericht mit Zitronenspalten garniert.

Nährwert pro Person:

169 kcal, 707 kJ
21,4 g Eiweiß
5,4 g Fett
8,4 g Kohlenhydrate
55 mg Cholesterin

Spaghetti mit Hühnerfleisch und Champignonsauce

100 g Hühnerfleisch gehackt
100 g Champignons, blättrig geschnitten
1 TL Worcestersauce
100 g Zwiebel
250 g Magermilch
10 g Vollkornmehl
10 g Margarine
120 g Vollkornspaghetti
Paprika, Petersilie
Knoblauchsalz, Pfeffer

Aus Margarine, Vollkornmehl und Magermilch eine Bechamelsauce bereiten.

Geben Sie das Hühnerfleisch, die Champignons, die gerösteten Zwiebeln und die Worcestersauce in die Bechamelsauce und lassen Sie alles etwa 15 Minuten lang auf kleiner Flamme kochen. Rühren Sie die Petersilie, das Salz und den Pfeffer ein.

In der Zwischenzeit kochen Sie die Spaghetti in sprudelndem Salzwasser weich. Lassen Sie sie abtropfen und geben Sie sie in eine vorgewärmte Servierschüssel. Gießen Sie die Hühnerfleischmischung über die Spaghetti und verrühren Sie beides gut miteinander. Streuen Sie etwas Paprika darüber.

Nährwert pro Person:

368 kcal, 1540 kJ
27,3 g Eiweiß
7,2 g Fett
49,1 g Kohlenhydrate
30 mg Cholesterin

Gemüseteller

300 g Zucchini
300 g Karotten
300 g Broccoli
300 g Karfiol
20 g Margarine
2 Scheiben Schmelzkäse, mager (20% F. i. T.)
gehackte Petersilie
Prise Salz

Das ganze Gemüse kochen. Zucchini in dicke Scheiben schneiden; aus den Karotten mit einem »Parisienneausstecher« Kugeln ausstechen; Karfiol in Röschen teilen.

Das Gemüse in Margarine schwenken, salzen, auf zwei feuerfesten Tellern anrichten, mit Petersilie bestreuen, je mit 1 Scheibe Käse belegen und im Rohr bei starker Hitze so lange überbacken, bis der Käse schmilzt.

Nährwert pro Person:

261 kcal, 1093 kJ
19,1 g Eiweiß
11,3 g Fett
21,4 g Kohlenhydrate
5,5 mg Cholesterin

Diätratatouille

50 g Zwiebel
100 g Melanzani
100 g Paprika
100 g Zucchini
200 g Tomaten (Dose)
Thymian, Knoblauchsalz
Pfeffer

Gemüse vorbereiten: Melanzani und Zucchini in Scheiben, Zwiebel und Paprika in Ringe schneiden. Zwiebeln, Melanzani, Paprika und Zucchini in eine beschichtete, feuerfeste Form geben. Knoblauchsalz, Paprika und Thymian in den Tomatensaft rühren und gut vermischen. Gießen Sie die Tomaten und die Flüssigkeit über das Gemüse in der Kasserolle und garen Sie die Zutaten 30 bis 45 Minuten bzw. bis das Gemüse weich ist, aber noch nicht zerfällt.

Nährwert pro Person:

59 kcal, 253 kJ
3,4 g Eiweiß
0,7 g Fett
10 g Kohlenhydrate
0 mg Cholesterin

Lyoner Toast

2 Scheiben (je 80 g)
Weizenmischbrot
10 g Margarine
100 g Gurke
50 g Lyoner Wurst
50 g Edamer Käse
Paprika ›edelsüß‹
Pfeffer

Die Brotscheiben mit Margarine bestreichen. Die Gurke schälen. Gurke, Wurst und Käse in kleine Würfel schneiden, vermengen, mit Paprika und Pfeffer würzen. Die Masse auf den Brotscheiben verteilen. Für 2 bis 3 Minuten unter den vorgeheizten Grill schieben.

Nährwert pro Person:

365 kcal, 1528 kJ
16,2 g Eiweiß
16,2 g Fett
38,7 g Kohlenhydrate
35 mg Cholesterin

Hirse-Risotto

1 Zwiebel
5 g Pflanzenöl
100 g Hirse
100 ml Wasser
150 g tiefgekühlte Erbsen
Muskat, Curry, Thymian
Pfeffer, etwas Salz
1/2 Bund Estragon

Die Zwiebel in feine Würfel schneiden, im erhitzten Öl glasig dünsten lassen.
Hirse dazufügen, kurz anrösten. Das Wasser dazugießen. Die Erbsen untermischen. Mit Muskat, Curry, Thymian und Pfeffer würzen.
Zum Kochen bringen, bei schwacher Hitze etwa 20 Minuten garen lassen. Den Estragon fein schneiden und unter das Hirse-Risotto mischen.

Nährwert pro Person:

208 kcal, 870 kJ
5,6 g Eiweiß
4,5 g Fett
36 g Kohlenhydrate
+Cholesterin

Ratatouille aus dem Römertopf

175 g Auberginen
175 g Zucchini
250 g Tomaten
1/2 Zwiebel
1 EL Pflanzenöl
1 Knoblauchzehe
Rosmarin, Thymian
50 g schwarze Oliven
20 g Pinienkerne
Pfeffer
1/2 Bund Zitronenmelisse
wenig Salz

Die Auberginen waschen und trockentupfen. Die Stengelansätze entfernen. Von den Zucchini die Enden abschneiden. Die Zucchini waschen und trockentupfen. Zwei Tomaten waschen, halbieren und in Scheiben schneiden, mit Salz und Pfeffer sowie Rosmarin und Thymian bestreuen. Die restlichen Tomaten an der Oberseite einritzen, kurze Zeit in kochendes Wasser legen (nicht kochen lassen), in kaltem Wasser abschrecken. Die Tomaten enthäuten. Die Stengelansätze herausschneiden. Die Tomaten in kleine Würfel schneiden. Zwiebel würfelig schneiden und im erhitzten Öl glasig dünsten. Das Gemüse hinzufügen, kurz andünsten. Die Knoblauchzehe durch eine Knoblauchpresse drücken oder in feine Scheiben schneiden, mit wenig Salz bestreuen, mit der Messerklinge fein zerdrücken. Das Gemüse mit Knoblauch, Rosmarin, Thymian und Pfeffer kräftig würzen, in den Tontopf schichten, die Tomatenscheiben und Oliven einschichten. Alles mit den Pinienkernen bestreuen. Auf dem Rost im vorgeheizten Rohr 35 bis 40 Minuten schmoren lassen. Die Zitronenmelisse abspülen, trockentupfen. Die Blättchen von den Stengeln zupfen, unter das Gemüse mischen, mit einem Rest garnieren. Evtl. mit wenig Salz abschmecken.

Nährwert pro Person:

242 kcal, 1013 kJ
5,9 g Eiweiß
18,3 g Fett
13,2 g Kohlenhydrate
0 mg Cholesterin

Gemüse »Indonesische Art«

250 g Möhren
200 g Salatgurke
1 Zwiebel
20 g gehackte Walnußkerne
15 g Pflanzenöl (1 EL)
1 Knoblauchzehe
1/4 TL Sambal Oelek
1/4 TL Gelbwurzpulver
1/2 TL Weinessig

Die Möhren und die Gurke schälen und waschen.
Nur bei großen Freilandgurken das Kerngehäuse entfernen.
Das Gemüse in etwa 3 cm lange Stifte schneiden. Die Zwiebel in feine Würfel schneiden. Zwiebelwürfel und Walnußkerne im erhitzten Öl rösten. Das Gemüse hinzufügen, kurz andünsten.
Fein zerdrückte Knoblauchzehe, Sambal, Gelbwurzpulver und Weinessig untermischen, bei schwacher Hitze etwa 15 Minuten gardünsten lassen.

Nährwert pro Person:

197 kcal, 826 kJ
4,1 g Eiweiß
14,3 g Fett
12,8 g Kohlenhydrate
0,2 mg Cholesterin

Pikante Palatschinken

100 g Vollkornmehl
1 Eiklar
1/4 l Magermilch
2 EL Sonnenblumenöl

Fülle:
50 g Champignons
100 g Schinken
1/2 Zwiebel (25 g)
1 EL Margarine
Petersilie, Knoblauch
Pfeffer, Salz

Palatschinkenteig bereiten und in heißem Öl dünne Palatschinken ausbacken; warmstellen.
Für die Fülle Champignons blättrig schneiden, Zwiebel und Schinken in Streifen schneiden, Petersilie hacken und den Knoblauch zerdrücken. Alle Zutaten in Margarine dünsten; salzen und pfeffern. Palatschinken mit dieser Fülle bestreichen, einrollen und heiß servieren.

Nährwert pro Person:

458 kcal, 1916 kJ
23,2 g Eiweiß
25,9 g Fett
32,1 g Kohlenhydrate
49 mg Cholesterin

Haferflocken-Topfenknödel mit Porreesauce

125 g Haferflocken
100 g Magertopfen
etwas Mineralwasser
1 EL Sonnenblumenöl
geriebene Muskatnuß
Curry
Prise Salz

Sauce:

100 g Porree (oder 2 Zwiebeln)
1 EL Margarine
1/4 l Rindsuppe
Pfeffer
Prise Salz

Alle Zutaten gut miteinander vermischen, Knödel formen und in schwach kochendem Salzwasser ca. 10 Minuten ziehen lassen. Porree in Ringe schneiden und in Margarine dünsten, mit etwas Vollkornmehl stauben und mit Rindsuppe oder Wasser aufgießen; würzen, aufkochen lassen und mit Petersilie bestreut servieren.

Nährwert pro Person:

412 kcal, 1724 kJ
17,3 g Eiweiß
16,8 g Fett
47,8 g Kohlenhydrate
0,8 mg Cholesterin

Indischer Reis

125 g Reis
1 Zwiebel
1 Apfel
10 g Diätmargarine
1 EL Rosinen
1 EL geschälte, blättrig geschnittene Mandeln
50 g frische Champignons
10 g schwarze Oliven
Curry
Süßstoff
Prise Salz

Reis kochen, Zwiebel und Apfel in Würfel schneiden und in der Margarine durchdünsten. Rosinen, Oliven, Mandelblättchen und Champignons dazugeben und heiß werden lassen. Würzen und mit dem Reis locker vermengen.

Nährwert pro Person:

287 kcal, 1201 kJ
6,1 g Eiweiß
3,9 g Fett
58,9 g Kohlenhydrate
0 mg Cholesterin

Schnelles Vollkornbrot

1 TL Zucker
250 ml lauwarmes Wasser
1 1/2 TL Trockenhefe oder
15 g frische Hefe
450 g Vollkornmehl
1 TL Salz
10 g Margarine

Lösen Sie den Zucker in lauwarmem Wasser auf, rühren Sie die Hefe ein und lassen Sie sie an einem warmen Ort 10 bis 15 Minuten gehen.
In einer großen Schüssel verrühren Sie das Mehl mit dem Salz und reiben die Margarine hinein. Schlagen Sie nun die Hefemischung mit dem Mehl ab, bis sich ein fester Teig gebildet hat. Stürzen Sie diesen auf eine leicht bemehlte Unterlage und kneten Sie ihn 10 Minuten lang gut durch, bis er fest und geschmeidig ist, indem Sie ihn zuerst in Ihre Richtung falten und dann mit dem Handballen von sich wegdrücken. Geben Sie ihn dann in eine Schüssel, decken Sie ihn mit einer leicht mit Öl befetteten Folie zu und lassen Sie ihn an einem warmen Ort 1 bis 1 ½ Stunden bzw. bis sich das Teigvolumen verdoppelt hat, aufgehen.
Geben Sie den Teig auf eine leicht bemehlte Unterlage und kneten Sie ihn durch. Formen Sie kleine Wecken daraus.
Geben Sie diese in eine leicht befettete, beschichtete Kastenform, decken Sie diese mit einer Kunststoffolie zu und lassen Sie sie an einem warmen Ort ca. 45 Minuten gehen.
Im vorgeheizten Rohr (230 °C) 30 bis 40 Minuten goldbraun backen.

Nährwert pro Person (1 Scheibe):

85 kcal, 355 kJ
2,5 g Eiweiß
0,8 g Fett
16,5 g Kohlenhydrate
0 mg Cholesterin

Dorsch auf Spinat

250 g Spinat
50 g Zwiebel
10 g Diätmargarine
Salz, frisch gemahlener weißer Pfeffer, geriebene Muskatnuß
200 g Tomaten
20 g Frühlingszwiebeln
250 g Dorschfilets
10 g Zitronensaft

Sauce:

10 g Diätmargarine
10 g Vollkornmehl
1/8 l Milch
50 g Edamer

Den Spinat verlesen, waschen, in einem großen Sieb mit kochendheißem Wasser blanchieren (überbrühen) und abtropfen lassen. Die Zwiebel feinwürfelig schneiden und in der heißen Margarine andünsten. Die Spinatblätter hinzufügen und zugedeckt bei schwacher Hitze ca. 5 Minuten garen. Danach mit Salz, Pfeffer und Muskatnuß abschmecken. Die Tomaten kreuzweise einritzen, mit kochendheißem Wasser überbrühen, häuten, den Stielansatz entfernen und die Tomaten in Scheiben schneiden. Die Frühlingszwiebeln in feine Ringe schneiden. Eine feuerfeste Form mit wenig Öl ausstreichen. Den Spinat in die Form füllen. Die Tomatenscheiben und die Zwiebelringe darauf verteilen. Den Backofen auf 200 °C vorheizen. Die Fischfilets kalt abspülen und trockentupfen. Mit dem Zitronensaft beträufeln und mit wenig Salz bestreuen. Die Fischstücke auf das Gemüse legen. Die Form mit Alufolie abdecken und auf der mittleren Schiene in den Ofen schieben. Das Gericht etwa 15 Minuten garen. Inzwischen für die Sauce die Margarine in einem kleinen Topf zerlassen, das Mehl einstreuen und hellgelb anlaufen lassen. Die Milch unter Rühren dazugießen und alles mit dem Schneebesen kräftig verrühren. Die Sauce bei schwacher Hitze etwa 3 Minuten köcheln lassen. Den Käse in die Sauce reiben und umrühren. Die Dorschfilets nach 15 Minuten Garzeit mit der Sauce übergießen und in der offenen Form noch etwa 10 Minuten überbacken.

Nährwert pro Person:

301 kcal, 1259 kJ
34,7 g Eiweiß
13,6 g Fett
9,4 g Kohlenhydrate
70 mg Cholesterin

Gurken-Tomaten-Torte

25 g Vollweizenmehl
25 g Mehl, glatt
20 g Diätmargarine
10 g Edamer
1 Tomate
Petersilie
Diätmargarine für die Form

Fülle:
10 g Diätmargarine
10 g Mehl
20 g Zwiebel
1/8 l Magermilch
75 g Tomaten
50 g Gurken
20 g Edamer
Oregano, schwarzer Pfeffer
1 Prise Salz

Vollweizenmehl, glattes Mehl, Margarine und 1 EL Wasser zu einem glatten Teig verkneten, ausrollen und eine befettete Springform damit auslegen; in das vorgeheizte Rohr schieben und bei 200 °C 15 bis 20 Minuten backen. Für die Fülle Zwiebel hacken, in Margarine glasig anlaufen lassen, Mehl einrühren und 1 Minute schäumen lassen. Knapp die Hälfte der Milch langsam dazugeben und unter Rühren 2 Minuten kochen. Tomaten und die geschälte Gurke in Scheiben schneiden, dazugeben und 5 Minuten kochen. Würzen und zuletzt den fein geriebenen Edamer einrühren. Fülle auf den Tortenboden geben, mit geriebenem Edamer bestreuen und so lange überbacken, bis der Käse geschmolzen ist.

Nährwert pro Person:

283 kcal, 1182 kJ
10,6 g Eiweiß
15,9 g Fett
24,7 g Kohlenhydrate
11,3 mg Cholesterin

Rotbarsch »Mallorquin«

1 Tonform
250 g Rotbarsch küchenfertig
(im Stück)
Essig
50 g Zwiebel
100 g Zucchini
100 g Möhren
50 g Staudensellerie
200 g Kartoffeln
250 g schnittfeste Tomaten
1 Knoblauchzehe
1 Zweig Thymian
1 Zweig Rosmarin
1/2 Zweig Salbei
Pfeffer, wenig Salz

Die Tonform 10 Minuten in kaltem Wasser einweichen. Den Fisch unter fließendem Wasser abspülen, trockentupfen, mit Essig beträufeln, etwa 30 Minuten stehenlassen. Die Zwiebel feinwürfelig schneiden, Zucchini, Möhren, geschälte Kartoffeln und Staudensellerie in feine Scheiben schneiden. Die Tomaten kurze Zeit in kochendes Wasser legen (nicht kochen lassen), in kaltem Wasser abschrecken. Die Tomaten enthäuten. Die Stengelansätze herausnehmen. Die Tomaten in Würfel schneiden, mit den geschnittenen Zutaten vermengen. Die Knoblauchzehe fein zerdrücken. Knoblauch, abgespülte Kräuterzweige, Pfeffer und wenig Salz unter das Gemüse mischen. Die Gemüse-Kartoffel-Mischung in die Tonform füllen. Den Fisch wieder trockentupfen, mit Pfeffer und wenig Salz würzen, auf das Gemüse legen. Die Tonform schließen, in den kalten Backofen auf den Rost stellen, 70 bis 75 Minuten garen. Während der Garzeit 1- bis 2mal das Gemüse wenden. Vor dem Servieren die Kräuterzweige entfernen.

Nährwert pro Person:

269 kcal, 1125 kJ
28,6 g Eiweiß
5,4 g Fett
26,9 g Kohlenhydrate
47,5 mg Cholesterin

Rinderrouladen mit Schinkenfülle

300 g Rinderschnitzel
frisch gemahlener weißer Pfeffer
Salz, Senf
50 g Schinken
40 g Zwiebel
20 g Gewürzgurke
10 g Öl
1 Lorbeerblatt
3 schwarze Pfefferkörner
2 Pimentkörner
30 g Tomaten
1/4 l heißes Wasser
10 g Magerjoghurt
10 g Vollkornmehl
2 EL kaltes Wasser
1 Prise Zucker

Die Rouladenscheiben waschen, mit Küchenkrepp trockentupfen, pfeffern, salzen und mit dem Senf bestreichen. Auf jede Fleischscheibe 1 Schinkenscheibe legen. Die Zwiebeln in dünne Ringe, die Gewürzgurken in Streifen schneiden. Die Zwiebelringe und Gurkenstreifen auf den Schinkenscheiben verteilen. Die Rouladen zusammenrollen und mit Rouladennadeln zustecken. Das Öl in einem Schmortopf erhitzen und die Rouladen darin von allen Seiten braun anbraten. Das Lorbeerblatt und die Gewürzkörner zugeben, die Brühe oder das Wasser angießen. Die Rouladen zugedeckt bei schwacher Hitze 30 Minuten schmoren lassen. Dann die Tomate kreuzweise einritzen, mit kochendheißem Wasser überbrühen, häuten, in Stücke schneiden und zum Fleisch geben. Die Rouladen weitere 60 Minuten schmoren lassen. Wenn nötig, etwas Flüssigkeit nachgießen. Nach beendeter Garzeit die Rouladen herausnehmen und warmstellen. Das Mehl mit dem Joghurt und dem Wasser glattrühren und die Sauce damit binden. Mit Salz, Pfeffer und dem Zucker abschmecken. Die Rouladen in die Sauce legen und nochmals erhitzen. Vor dem Anrichten die Gewürzkörner und das Lorbeerblatt entfernen.

Nährwert pro Person:

261 kcal, 1092 kJ
37,6 g Eiweiß
11 g Fett
2,7 g Kohlenhydrate
126,6 mg Cholesterin

Hasenhaxerln in Gemüse

2 Hasenhaxerln (400 g)
2 EL Sonnenblumenöl
1 Zwiebel (50 g)
1 grüner Paprika (50 g)
1 roter Paprika (50 g)
2 Tomaten (100 g)
10 g Vollkornmehl
20 g Magermilch
Süßstoff, Pfeffer, 1 Prise Salz

Hasenhaxerln rundherum in heißem Öl anbraten, pfeffern, salzen und die in Würfel geschnittene Zwiebel dazugeben; kurz mitbraten lassen. Haxerln evtl. mit etwas Wasser aufgießen. In Würfel geschnittene Paprika zugeben und 25 Minuten dünsten. Tomaten blanchieren, häuten und 5 Minuten mitdünsten.
Haxerln und Tomaten aus der Pfanne nehmen, Mehl und Milch verquirlen und die Sauce damit binden; aufkochen lassen und abschmecken.
Haxerln und Tomaten anrichten und mit der Sauce übergießen.

Nährwert pro Person:

361 kcal, 1510 kJ
44,6 g Eiweiß
16,6 g Fett
7,5 g Kohlenhydrate
130,7 mg Cholesterin

Hirschschnitzel mit Apfelsauce

2 Hirschschnitzel (300 g)
20 g Vollkornmehl
20 g Maiskeimöl
Zwiebel, Knoblauch
Zitronenschale, Thymian
Wacholderbeeren, 1 Prise Salz
2 Äpfel (300 g)
15 g Diätmargarine
1 EL Vollkornmehl
Zimtrinde, 2 Gewürznelken
Zitronenschale, Süßstoff

Ungeschälte Äpfel halbieren und das Kerngehäuse entfernen.
Äpfel mit Zimtrinde, Nelken, Zitronenschale und Süßstoff in ca. 1/4 l Wasser weichdünsten; im Saft erkalten lassen und passieren.
Aus Margarine und Vollkornmehl eine Einmach bereiten, Äpfel dazugeben und aufkochen lassen; warmstellen.
Zwiebel, Knoblauch, Zitronenschale, Thymian und Wacholderbeeren fein wiegen.
Hirschschnitzel klopfen, mit den Gewürzen bestreuen, mit einer Seite in Mehl drücken und in heißem Öl auf beiden Seiten braten.
Auf einer vorgewärmten Platte anrichten; Apfelsauce separat servieren.

Nährwert pro Person:

431 kcal, 1803 kJ
33,7 g Eiweiß
22,3 g Fett
24,4 g Kohlenhydrate
165,3 mg Cholesterin

Rosmarinhühnchen mit Broccoli

1/2 Brathuhn
20 g Maiskeimöl
25 g Karotte, 10 g Zwiebel
25 g Petersilienwurzel
25 g Stangensellerie
300 g Broccoli
1 EL Diätmargarine
Rosmarin, Paprika
gehackte Petersilie
weißer Pfeffer, 1 Prise Salz

Huhn zerteilen und von der Haut befreien, Karotte, Zwiebel, Petersilienwurzel und Sellerie klein schneiden. Rosmarin, Paprika, Pfeffer und Salz mit dem Öl verrühren. Hühnerteile mit der Öl-Mischung bepinseln; restliche Öl-Mischung mit etwas Wasser und dem Gemüse in eine Tropfpfanne geben; Tropfpfanne unter den Bratrost schieben. Hühnerteile auf den Rost legen und ca. 20 Minuten braten; ab und zu mit dem Saft begießen. Broccoli in Salzwasser kochen, Petersilie in Margarine schwenken und über die Broccoli geben. Hühnerteile auf einer vorgewärmten Platte anrichten. Saft und die Hälfte des Gemüses mixen, abschmecken und über die Hühnerteile gießen; mit dem restlichen Gemüse garnieren, Broccoli extra servieren.

Nährwert pro Person:

394 kcal, 1648 kJ
37,1 g Eiweiß
24,8 g Fett,
5,3 g Kohlenhydrate
121,8 mg Cholesterin

Lammfilet in Minzensauce

2 Scheiben Lammfilet (300 g)
2 EL Sonnenblumenöl
Minzenblätter
125 ml Rindsuppe
Rosmarinpulver
1 TL Stärkemehl
schwarzer Pfeffer, 1 Prise Salz

Filetscheiben mit Pfeffer und Rosmarin einreiben, in heißem Öl auf beiden Seiten durchbraten; salzen und warmstellen. Minzenblätter fein hacken, in den Bratenfond geben, mit Rindsuppe aufgießen und aufkochen lassen; abseihen und den Saft mit Stärke binden. Filetscheiben anrichten und mit Minzensauce übergießen.

Nährwert pro Person:

267 kcal, 1117 kJ
30,7 g Eiweiß
15,3 g Fett
1,3 g Kohlenhydrate
105,2 mg Cholesterin

Paprikahuhn

500 g Hühnerkeule
10 g Pflanzenöl
60 g Zwiebel
100 g Tomatenmark
10 g Vollkornmehl
Salz
Pfeffer
Paprika

Hühnerkeule würzen und in Pflanzenöl anbraten. Hühnerstücke herausnehmen, fein gehackte Zwiebel anrösten, Hühnerstücke wieder dazugeben, etwas aufgießen und dünsten lassen, nach etwa 30 Minuten Tomatenmark dazugeben. Kurz vor dem Servieren Vollkornmehl in etwas kaltem Wasser anrühren, zum Huhn geben und nochmals kurz aufkochen lassen.

Nährwert pro Person:

189 kcal, 791 kJ
22,2 g Eiweiß
8,5 g Fett
5,6 g Kohlenhydrate
74,1 mg Cholesterin

Hühnerfleischpudding

1 Semmel
1 Eidotter
20 g Öl
Salz, Muskat
Petersilie
100 g Hühnerfleisch ohne Haut
30 g Champignons
1 Eiklar

1 Semmel in Wasser einweichen, ausdrücken und mit der Gabel mit Öl, den Gewürzen, dem kleingeschnittenen Hühnerfleisch, dem Eidotter und den sehr klein geschnittenen Champignons gut vermengen. Das steif geschlagene Eiklar unterheben. Die Puddingmasse in eine befettete Puddingform füllen und 1/2 Stunde im Wasserbad kochen. Danach stürzen und mit Naturgemüse oder Tomatensauce servieren.

Nährwert pro Person:

243 kcal, 1017 kJ
17 g Eiweiß
14 g Fett
12,2 g Kohlenhydrate
187,2 mg Cholesterin

Geflügelragout

30 g Öl
100 g Zwiebel
250 g Hühnerbrustfilet
300 g Champignons
20 g Vollkornmehl
wenig Brühe/Wasser
Salz
Curry oder Paprika
Zitrone oder Essig

Öl erhitzen, Zwiebel in Scheiben schneiden und glasig dünsten. Hühnerbrustfilet fein schneiden (quer zur Faser) und darin anbraten. Champignons putzen, waschen, in Scheiben schneiden und wenig Brühe/Wasser zugeben und garen. Mit Salz, Curry oder Paprika würzen. Vollkornmehl anrühren, das fertige Ragout damit binden und mit etwas Zitrone oder Essig abschmecken.

Nährwert pro Person:

320 kcal, 1339 kJ
34,7 g Eiweiß
17,2 g Fett
6,7 g Kohlenhydrate
75,3 mg Cholesterin

Fischragout

10 g Öl
10 g Vollkornmehl
ca. 1/8 l Wasser
25 g Paprika
25 g Gewürzgurke
50 g Champignons
Salz
etwas Gurkenwasser
200 g Seelachs

Öl erhitzen, Mehl darüberstreuen und bräunen lassen, mit Wasser ablöschen. Paprika, Pilze und Gewürzgurke (ringelig bzw. würfelig geschnitten) in die Sauce geben, mit Salz und etwas Gurkenwasser die Sauce pikant abschmecken. Seelachs in große Würfel schneiden und in der Sauce 15 bis 20 Minuten garen.

Nährwert pro Person:

127 kcal, 531 kJ
19,9 g Eiweiß
6 g Fett
3,3 g Kohlenhydrate
33,1 mg Cholesterin

Truthahnschnitzel

2 Truthahnschnitzel (300 g)
1 EL Sonnenblumenöl
10 g Diätmargarine
50 g Lauch
150 g Pfifferlinge
50 g Schinken
weißer Pfeffer, 1 Prise Salz
gehackte Petersilie

Truthahnschnitzel auf zwei mit Öl bepinselte Alufolien legen. Lauch vierteln, Pfifferlinge blättrig und Schinken in Streifen schneiden. Lauch, Schinken und Pilze auf die Schnitzel legen, würzen und mit Petersilie bestreuen.
Alufolie zusammenwickeln und die Schnitzel im Rohr bei ca. 220 °C 20 Minuten gar werden lassen.

Nährwert pro Person:

275 kcal, 1151 kJ
42,9 g Eiweiß
16,6 g Fett
3,6 g Kohlenhydrate
111,4 mg Cholesterin

Putenschnitzel »französische Art«

300 g Putenschnitzel
Salz, Pfeffer
Paprika oder Curry
20 g Vollkornmehl
1 Eiklar
20 g Öl
Zitronensaft

Putenschnitzel mit Salz, Pfeffer, Paprika oder Curry würzen, in Mehl wenden. Eiklar leicht anschlagen, die vorbereiteten Putenschnitzel darin wenden. Öl in einer Pfanne heiß werden lassen, die Schnitzel darin braten. Mit Zitronensaft beträufeln.

Nährwert pro Person:

282 kcal, 1180 kJ
39,2 g Eiweiß
11,9 g Fett
5 g Kohlenhydrate
90,2 mg Cholesterin

Truthahnrollbraten

400 g Truthahnbrust
10 g Öl
50 g Zwiebel
20 g Magerjoghurt
10 g Vollkornmehl
Zimt, Pfeffer, Salz

Truthahnbrust salzen, pfeffern, mit Zimt einreiben, mit Öl bepinseln und zusammen mit der Zwiebel im Rohr bei 200 °C unter öfterem Begießen gar braten. Zwiebel und Fleisch aus der Pfanne nehmen und warmstellen. Joghurt und Mehl verquirlen und den Bratensaft damit binden; aufkochen lassen und abschmecken. Fleisch aufschneiden und die Sauce separat servieren.

Nährwert pro Person:

282 kcal, 1180 kJ
49,5 g Eiweiß
10,6 g Fett
4,4 g Kohlenhydrate
120,6 mg Cholesterin

Champignonputenschnitzel

240 g Putenschnitzel
10 g Öl
40 g Zwiebel
160 g Champignons
20 g Magerjoghurt
Salz, Pfeffer

Putenschnitzerl klopfen, würzen und in Pflanzenöl anbraten, herausnehmen. Gehackte Zwiebel in diesem Fett goldbraun rösten, die blättrig geschnittenen Champignons dazugeben und gut durchrösten. Mit Wasser aufgießen, das Putenschnitzerl darin weichdünsten. Vor dem Servieren mit einem Eßlöffel Magerjoghurt die Sauce verfeinern. Joghurt mit etwas heißem Saft verrühren, kurz aufkochen lassen und servieren.

Nährwert pro Person:

194 kcal, 812 kJ
28,4 g Eiweiß
6,6 g Fett
1,9 g Kohlenhydrate
72,6 mg Cholesterin

Scholle »Nepomuk«

400 g Scholle
Zitronensaft, Salz
10 g Öl
10 g Vollkornmehl
Petersilie

Scholle filieren, mit Zitronensaft beträufeln, Salz über den Fisch streuen, in Vollkornmehl wenden, Öl erhitzen und die Schollenfilets von beiden Seiten goldbraun braten, mit Petersilie bestreuen.

Nährwert pro Person:

212 kcal, 887 kJ
34,9 g Eiweiß
6,8 g Fett
2,5 g Kohlenhydrate
110 mg Cholesterin

Seelachsfilet auf Sommergemüse

300 g Seelachs
300 g Sommergemüse
Zitronensaft, Paprika
Salbei, weißer Pfeffer
1 Prise Salz
50 g Tomatenmark
15 g Diätmargarine in Flöckchen

Seelachsfilet salzen, pfeffern, paprizieren und mit Zitronensaft beträufeln.
Sommergemüse blanchieren. Sommergemüse in einen Topf geben. Seelachs darauflegen, mit Tomatenmark bestreichen und Diätmargarine-Flöckchen daraufsetzen; mit Salbei bestreuen. Zugedeckt im Rohr ca. 1 Stunde gar werden lassen.

Nährwert pro Person:

277 kcal, 1159 kJ
29,4 g Eiweiß
7,4 g Fett
8 g Kohlenhydrate
49,6 mg Cholesterin

Gebratene Knoblauchscholle

400 g Scholle
10 g Pflanzenöl
Knoblauch, Salz, Pfeffer

Scholle würzen, mit Knoblauch einreiben und in Pflanzenöl braten.

Nährwert pro Person:

200 kcal, 837 kJ
34,4 g Eiweiß
6,6 g Fett
0,1 g Kohlenhydrate
110,1 mg Cholesterin

Italienische Fischpfanne

150 g Kartoffeln
200 g Fischfilet (Scholle)
Salz
15 g Maiskeimöl
30 g Zwiebel
50 g Champignons
150 g Tomaten
Thymian, Knoblauch
10 g Reibkäse 30% F. i. T.

Den Boden einer befetteten Auflaufform mit dünnblättrigen, in Schale gekochten Kartoffeln belegen. Die gesalzenen Fischstücke darauflegen. Gehackte Zwiebel in Öl anrösten, dünnblättrig geschnittene Champignons, in Vierteln geteilte, abgezogene Tomaten und die Gewürze dazugeben und im eigenen Saft weichdünsten. Die Tomatensauce über die Fische geben, mit Reibkäse bestreuen und überbacken.

Nährwert pro Person:

251 kcal, 1050 kJ
31,7 g Eiweiß
15,4 g Fett
12,8 g Kohlenhydrate
57,9 mg Cholesterin

Grünkern-Bällchen mit Lauchzwiebeln und Käse-Nuß-Sauce

Bällchen und Lauchzwiebeln:

1 Zwiebel
5 g (1 TL) Pflanzenöl
75 g Grünkernschrot
125 ml Wasser
1/2 TL Paprika edelsüß
Pfeffer, Muskat
2 EL gehackte glattblättrige Petersilie
1 TL Senf, mittelscharf
50 g Magertopfen
1 Knoblauchzehe
wenig Salz
15 g (1 EL) Pflanzenöl
120 g Lauchzwiebeln, vorbereitet

Sauce:

1 Zwiebel
20 g gehackte Walnußkerne
5 g (1 TL) Pflanzenöl
15 g Weizenmehl
125 ml Wasser
30 g Edelpilzkäse
etwas Safran oder Kurkuma
Pfeffer
2 EL feingeschnittener Schnittlauch
wenig Salz

Für die Grünkern-Bällchen: Die Zwiebel feinwürfelig schneiden, in erhitztem Öl goldgelb rösten. Den Grünkern unterrühren, kurz anrösten. Das Wasser dazugießen. Mit Paprika, Pfeffer und Muskat würzen. Bei schwacher Hitze 15 bis 20 Minuten ausquellen und abkühlen lassen. Danach Petersilie, Senf und Topfen unterrühren. Die Knoblauchzehe durch eine Knoblauchpresse drücken. Den Knoblauch unter die Grünkernmasse rühren. Mit Pfeffer, Muskat, Paprika und evtl. wenig Salz abschmecken. Aus der Masse mit nassen Händen 8 Bällchen formen, im erhitzten Öl bei nicht zu starker Hitze knusprig braten. Die Lauchzwiebeln putzen, waschen, quer halbieren. Mit sehr wenig Wasser 2 bis 3 Minuten dünsten lassen.

Für die Sauce: Die Zwiebeln feinwürfelig schneiden und im erhitzten Öl glasig dünsten lassen. Die Walnußkerne hinzufügen, anrösten, mit Mehl bestäuben. Das Wasser unter ständigem Rühren dazugießen.
Die Sauce unter Rühren aufkochen, 1 bis 2 Minuten leicht köcheln lassen. Den Edelpilzkäse in kleine Stücke schneiden, in die Sauce geben, unter Rühren auflösen. Mit etwas Safran oder Kurkuma, Pfeffer würzen, evtl. wenig salzen. Den Schnittlauch hinzufügen.
Die Sauce in einer flachen, vorgewärmten tiefen Form verteilen. Grünkernbällchen und Lauchzwiebeln ohne Flüssigkeit darauf anrichten.

Nährwert pro Person:

375 kcal, 1550 kJ
14,9 g Eiweiß
21,5 g Fett
36,5 g Kohlenhydrate
18,2 mg Cholesterin

Gemüserisotto auf Bauernart

100 g weiße Bohnen
10 g Öl
50 g Zwiebel
1 Knoblauchzehe
50 g Karotten
100 g Kohlrabi
Selleriesalz
Pfeffer
Majoran oder Salbei
250 ml Suppe
100 g Naturreis
100 g Erbsen
Petersilie
50 g Frühlingszwiebeln
15 g Parmesan

Bohnen kochen und die geschnittenen Zwiebeln und den Knoblauch einige Minuten im heißen Öl rösten. Geben Sie die Karotten und die Kohlrabi dazu und dünsten Sie das Gemüse unter gelegentlichem Umrühren weitere 3 bis 4 Minuten. Nun streuen Sie den Majoran oder den Salbei sowie die anderen Gewürze in die Pfanne, füllen mit Wasser auf, bis die Zutaten bedeckt sind und lassen alles 20 bis 35 Minuten bzw. bis die Zutaten beinahe weich sind, auf kleiner Flamme kochen. Anschließend seihen Sie das Gemüse ab. In der Zwischenzeit erhitzen Sie in einer anderen Kasserolle die Suppe, streuen den Reis ein und bringen ihn unter gelegentlichem Umrühren zum Kochen. Nun drehen Sie die Hitze zurück, decken die Kasserolle zu und lassen den Reis 30 bis 35 Min. lang dünsten, bis er beinahe weich ist und die Suppe aufgenommen hat. Vergessen Sie nicht, hin und wieder mit Suppe aufzugießen. Dann geben Sie die Bohnen, die Erbsen und das gekochte Gemüse dazu und lassen alles noch 10 Minuten garen. Nun nehmen Sie das Gericht von der Kochstelle, schmecken ab, streuen die Hälfte der Petersilie ein und häufen den Reis auf eine heiße Platte, wo Sie ihn mit der restlichen Petersilie, den Frühlingszwiebeln und dem Käse garnieren. Der Reis sollte feucht und cremig sein.

Nährwert pro Person:

484 kcal, 2023 kJ
22,9 g Eiweiß
9,8 g Fett
73,2 g Kohlenhydrate
5,2 mg Cholesterin

BEILAGEN

KLEINE ZWISCHENGERICHTE

Erbsenpürree

300 g grüne Erbsen
50 g Zwiebel
1/2 l Wasser
Muskat, Prise Salz, Pfeffer
1 Eiklar
10 g Margarine
50 g Brösel

Erbsen, Zwiebel und Wasser in eine Kasserolle geben und weichkochen lassen. Die überschüssige Flüssigkeit abschütten und das Gemüse pürieren. Würzen und Eiklar einrühren. Auflaufform befetten, mit Bröseln bestreuen und die Gemüsemasse mit einem Löffel hineingeben. Die übrigen Brösel darüberstreuen. 30 Minuten im vorgeheizten Rohr backen, herausnehmen und noch 10 Minuten warten, bis sich das Püree gesenkt hat. Dann wird es gestürzt und serviert.

Nährwert pro Person:

212 kcal, 887 kJ
12,5 g Eiweiß
5 g Fett
29,3 g Kohlenhydrate
+Cholesterin

Petersilienreis

100 g brauner Langkornreis
20 g Margarine
1/2 Bund Frühlingszwiebeln
100 g Sellerie
50 g Zwiebel
6 EL gehackte Petersilie oder andere frische Kräuter

Reis kochen. In der Zwischenzeit Margarine zergehen lassen, geschnittene Sellerie, Zwiebeln und Frühlingszwiebeln dazugeben und unter gelegentlichem Umrühren weichdünsten lassen. Den frischgekochten, noch feuchten Reis sowie die gehackte Petersilie beimengen und abschmecken.

Nährwert pro Person:

269 kcal, 1123 kJ
5 g Eiweiß
9,5 g Fett
40,6 g Kohlenhydrate
0,1 mg Cholesterin

Rotkraut

200 g feinnudelig geschnittenes Rotkraut
5 g Margarine
150 ml kaltes Wasser
50 g Zwiebel
2 Gewürznelken
1/2 Lorbeerblatt
1 EL Rotwein
150 g Kochäpfel ohne Kerngehäuse

Rotkraut ca. 2 Minuten blanchieren und gut abtropfen lassen. In der Zwischenzeit Margarine zergehen lassen und das Kraut darin etwa 5 Minuten schwenken. Wasser, die geschnittene Zwiebel, Gewürznelken, Lorbeerblatt, Wein und Gewürze beimengen und alles auf kleiner Flamme 20 Minuten garen.
Apfel beifügen und weitere 10 Minuten dünsten. Gewürznelken und Lorbeerblatt entfernen und heiß servieren.

Nährwert pro Person:

85 kcal, 356 kJ
1,9 g Eiweiß
2,7 g Fett
12,9 g Kohlenhydrate
0 mg Cholesterin

Rotkraut mit Endivien

200 g Rotkraut
100 g Endivien
100 g Magerjoghurt
Zitronensaft
10 g Meerrettich
5 g Zucker
Salz

Das Rotkraut achteln und dann sehr fein hobeln. Den Endiviensalat in schmale Streifen schneiden. Joghurt in einer kleinen Schüssel mit dem Zitronensaft, dem Zucker, Salz nach Geschmack und mit Krenn zu einer dicken Sauce rühren.
Die Endivien- und Krautstreifen in einer großen Schüssel mischen und auf vier Salatteller verteilen. Die Meerrettichsauce darübergießen und den Salat sofort servieren.

Nährwert pro Person:

58 kcal, 241 kJ
4,2 g Eiweiß
0,4 g Fett
31,9 g Kohlenhydrate
0,5 mg Cholesterin

Gemüseeintopf

1 roter Paprika (50 g)
1 grüner Paprika (50 g)
3 Tomaten (150 g)
1 Melanzani (150 g)
2 Zucchini (150 g)
1 Zwiebel (50 g)
1 EL Diätmargarine
1 Knoblauchzehe
Rosmarin, Basilikum
Pfeffer, Prise Salz

Zwiebel hacken, Knoblauchzehe zerdrücken und in der Diätmargarine glasig anlaufen lassen. Melanzani und Paprika in Würfel, Zucchini in Scheiben schneiden, Tomaten blanchieren, häuten. Das Gemüse im Rohr bei 200 °C auf der unteren Schiene zirka 45 Minuten backen.

Nährwert pro Person:

122 kcal, 511 kJ
4,3 g Eiweiß
6,9 g Fett
10,9 g Kohlenhydrate
+Cholesterin

Exotisches Rosenkohlgemüse

300 g Rosenkohl, frisch oder tiefgefroren
100 ml Wasser
Muskat, Pfeffer, wenig Salz
1 Banane
20 g gehackte Walnußkerne
15 g Pflanzenmargarine

Die Rosenkohlröschen von welken Blättern befreien, vom Strunk etwas abschneiden, waschen. Die Strünke kreuzförmig an der Unterseite einschneiden. Den Rosenkohl in das kochende Wasser geben, mit Muskat, Pfeffer und wenig Salz würzen.
Bei schwacher Hitze etwa 20 Minuten dünsten lassen.
Die Banane schälen, in Scheiben schneiden. Die Walnußkerne in der erhitzten Margarine rösten. Die Bananenscheiben unterheben.
Den gut abgetropften Rosenkohl hinzufügen, mit den Bananenscheiben mischen. Mit Muskat, Pfeffer und wenig Salz abschmecken und sofort servieren.

Nährwert pro Person:

210 kcal, 879 kJ
9,3 g Eiweiß
12,7 g Fett
14,4 g Kohlenhydrate
0,8 mg Cholesterin

Paprikakraut

5 g Zucker
Kümmel, Paprika
20 g Öl
100 g Zwiebel
300 g Weißkraut

Zucker und Kümmel in Öl hell anlaufen lassen, die ringelig geschnittene Zwiebel dazugeben, hell rösten, das nudelig geschnittene Weißkraut hinzufügen, einmal durchrösten, mit Paprika stauben, durchrösten, aufgießen und mit den Gewürzen abschmecken.

Nährwert pro Person:

149 kcal, 625 kJ
2,6 g Eiweiß
10,4 g Fett
11,4 g Kohlenhydrate
0,2 mg Cholesterin

Gebackene Kartoffeln

300 g Kartoffeln
Salz
Kümmel

Die (möglichst jungen) Kartoffeln waschen, halbieren und in der Schale bei mittlerer Hitze etwa 1 Stunde im Rohr backen.

Nährwert pro Person:

107 kcal, 446 kJ
3 g Eiweiß
0,2 g Fett
23,1 g Kohlenhydrate
0 mg Cholesterin.

Sojasprossen-Mix

150 g Sojasprossen
100 g Mandarinenspalten
50 g blaue Weintrauben
1 TL Sojasauce
1 EL Sonnenblumenöl
1 EL Essig
Süßstoff, weißer Pfeffer
1 Prise Salz, Schnittlauch

Sojasprossen kurz in heißes Wasser geben, abtropfen lassen und mit den Mandarinenspalten und den halbierten, entkernten Trauben vermengen.
Aus Sojasauce, Öl, Essig, Süßstoff, Pfeffer und Salz eine Marinade bereiten, über den Salat gießen, kurz ziehen lassen und mit geschnittenem Schnittlauch bestreut servieren.

Nährwert pro Person:

102 kcal, 427 kJ
1,4 g Eiweiß
5,4 g Fett
11,7 g Kohlenhydrate
0,1 mg Cholesterin

Gemüsetomaten

2 größere Tomaten
1 kleiner Kohlrabi
2 EL Erbsen,
tiefgekühlt oder frisch
2 EL Sonnenblumenöl
etwas Kräutersalz
Dille
Salatblätter

Tomaten abkappen, aushöhlen und salzen. Kohlrabi schälen, raspeln und mit Erbsen, Öl, Salz und gehackter Dille vermischen; in die Tomaten füllen.
Tomaten wieder mit den Kappen verschließen und auf den Salatblättern anrichten.

Nährwert pro Person:

79 kcal, 331 kJ
2,4 g Eiweiß
5,2 g Fett
5,7 g Kohlenhydrate
0,1 mg Cholesterin

Würziger Orangenreis

1 Zwiebel (50 g)
150 g Sellerieknolle
5 g Pflanzenöl
100 g Langkornreis
50 ml Orangensaft, frisch gepreßt
150 ml Wasser
20 g Rosinen
1 Lorbeerblatt
Pfeffer, Muskat, wenig Salz

Die Sellerieknolle putzen, schälen, in kleine Würfel schneiden. Die Zwiebelwürfel im erhitzten Öl glasig dünsten lassen. Selleriewürfel und Reis hinzufügen. Orangensaft, Wasser, Rosinen und Lorbeerblatt hinzufügen. Mit Pfeffer, Muskat und wenig Salz würzen. Zum Kochen bringen. Bei schwacher Hitze in 12 bis 15 Minuten ausquellen lassen. Das Lorbeerblatt entfernen. Den Orangenreis mit Pfeffer, Muskat und wenig Salz abschmecken.

Nährwert pro Person:

261 kcal, 1092 kJ
5,5 g Eiweiß
3,2 g Fett
52,3 g Kohlenhydrate
+Cholesterin

Gedünstete Zwiebel

20 g Öl
1 EL Zucker
200 g Jungzwiebeln
Salz

Den Zucker in Öl hell anlaufen lassen, die Jungzwiebeln dazugeben und mit etwas Salz und etwas Wasser weichdünsten.

Nährwert pro Person:

123 kcal, 515 kJ
1,3 g Eiweiß
10,1 g Fett
3,2 g Kohlenhydrate
0,2 g Cholesterin

Paprikagemüse

400 g grüne Paprika
20 g Öl
Salz, Rosmarin

Die grünen Paprika der Länge nach halbieren, entkernen und mit Öl, Salz und Rosmarin im eigenen Saft weichdünsten.

Nährwert pro Person:

130 kcal, 544 kJ
2,4 g Eiweiß
10,6 g Fett
6,2 g Kohlenhydrate
0,2 mg Cholesterin

Megadarra

150 g Linsen
100 g Zwiebel
200 ml Wasser
10 g Öl
75 g brauner Langkornreis
1 TL gemahlener Kümmel (nach Belieben)
1/2 TL gemahlener Koriander (nach Belieben)
Gewürze
Knoblauch zerdrückt
150 g Magerjoghurt

Geben Sie die Linsen und das Wasser in eine feuerfeste Form und bringen Sie das Wasser zum Kochen. Drehen Sie die Hitze zurück, decken Sie die Kasserolle zur Hälfte zu und lassen Sie die Linsen 15 Minuten lang auf kleiner Flamme kochen.

In der Zwischenzeit rösten Sie gehackte Zwiebeln (50 g) in wenig Öl goldbraun an. Dann rühren Sie die geröstete Zwiebel, den Reis, die Gewürze in die Linsen. Lassen Sie diese Mischung erneut aufwallen, decken Sie die Kasserolle zu und lassen Sie das Gemüse etwa 45 Minuten lang bzw. bis die Zutaten weich sind, auf kleiner Flamme garen.

Wird die Mischung zu trocken, gießen Sie mit ein wenig Wasser auf, wird das Wasser nicht zur Gänze aufgenommen, nehmen Sie ein paar Minuten vor Ende der Kochzeit den Deckel ab. Schmecken Sie, wenn nötig, ab. Erhitzen Sie das restliche Öl in einer kleinen Bratpfanne und rösten Sie Zwiebelscheiben (50 g) mit dem Knoblauch stark an. Geben Sie mit einem Schöpflöffel die Linsen-Reismischung in eine seichte Schüssel. Streuen Sie die gebräunten Zwiebeln darüber und servieren Sie das Gericht mit dem in einer separaten Schüssel angerichteten Joghurt.

Nährwert pro Person:

449 kcal, 1877 kJ
22,3 g Eiweiß
7 g Fett
71,8 g Kohlenhydrate
0,1 mg Cholesterin

Polenta

100 g Maisgrieß
1/4 l Wasser
10 g Öl
Salz

Den Maisgrieß in das kochende Salzwasser einlaufen lassen und etwa 5 Minuten leicht kochen. Die Polenta in eine Schüssel oder Form füllen und zugedeckt eine halbe Stunde ziehen lassen. 1 bis 1 ½ cm dicke Scheiben von der Maismasse abschneiden und im Öl anbraten.

Nährwert pro Person:

214 kcal, 895 kJ
4,4 g Eiweiß
5,8 g Fett
36,7 g Kohlenhydrate
0,1 g Cholesterin

Zucchini-Tomaten-Gemüse

200 g Zucchini
200 g Tomaten
20 g Öl
Salz, Basilikum

Die Zucchini und die abgezogenen Tomaten dickblättrig schneiden und mit Öl und den angegebenen Gewürzen im eigenen Saft weichdünsten.

Nährwert pro Person:

126 kcal, 527 kJ
2,5 g Eiweiß
10,6 g Fett
5,1 g Kohlenhydrate
0,2 mg Cholesterin

Feines Mischgemüse

20 g Öl
5 g Zucker
100 g Karotten
100 g Champignons
Salz
50 g tiefgekühlte Erbsen
100 g Dosenspargel
Petersilie

Eine Prise Zucker in Öl hell anlaufen lassen, die nudelig geschnittenen Karotten sowie die blättrig geschnittenen Champignons dazugeben, durchrösten, aufgießen, salzen, kernweich dünsten. Die Erbsen und den in Stücke geteilten Spargel untermengen und fertigdünsten.
Mit gehackter Petersilie servieren.

Nährwert pro Person:

146 kcal, 611 kJ
4,4 g Eiweiß
10,4 g Fett
8,7 g Kohlenhydrate
0,2 mg Cholesterin

Frischer Spinat

500 g Spinat
50 g Zwiebel
5 g Knoblauch
10 g Margarine
2 EL Wasser
Pfeffer, Muskat

Den Spinat verlesen und mehrmals kalt waschen, dann in ein großes Sieb geben und mit kochendheißem Wasser überbrühen; abtropfen und abkühlen lassen. Die Spinatblätter grobhacken. Die Zwiebel und die Knoblauchzehe fein würfeln. Die Margarine in einem großen Topf erhitzen und die Zwiebel- und Knoblauchwürfel darin hell anbraten. Den Spinat und das Wasser zugeben. Das Gemüse zugedeckt bei schwacher Hitze etwa 10 Minuten garen. Mit Pfeffer und Muskat abschmecken.

Nährwert pro Person:

93 kcal, 388 kJ
6,6 g Eiweiß
4,8 g Fett
4,6 g Kohlenhydrate
+Cholesterin

Kartoffelpüree

500 g mehlige Kartoffeln
Salz, Muskat
125 g Magermilch
10 g Margarine

Die Kartoffeln waschen, schälen und in Stücke schneiden. Wenig Salzwasser in einem großen Topf zum Kochen bringen und die Kartoffeln darin kochen.
Die gekochten Kartoffeln schälen und pürieren. Mit der Magermilch und der Margarine vermengen. Mit Salz und Muskat würzen.

Nährwert pro Person:

243 kcal, 1016 kJ
7,1 g Eiweiß
5,1 g Fett
41,6 g Kohlenhydrate
3,2 mg Cholesterin

Zucchinigemüse

400 g Zucchini
10 g Öl
Salz
Rosmarin

Die Zucchini samt der Schale blättrig schneiden und mit Öl und den angegebenen Gewürzen im eigenen Saft weichdünsten.

Nährwert pro Person:

83 kcal, 347 kJ
3,2 g Eiweiß
5,8 g Fett
4,4 g Kohlenhydrate
0,1 mg Cholesterin

Kräuterkartoffeln

1/2 kg mittelgroße Kartoffeln
1/4 l Wasser
Salz
4 Pfefferkörner
2 Pimentkörner
1 Lorbeerblatt
50 g Zwiebel (1 kleine)
5 g Knoblauch
10 g Diätmargarine
10 g Vollkornmehl
1/8 l Magermilch
frisch gemahlener Pfeffer
1 Prise Zucker
8 g feingehackte, gemischte Kräuter
(Dill, Petersilie, Kresse, Schnittlauch)

Die Kartoffeln schälen und waschen. Das Wasser mit Salz und den Gewürzen in einem großen Topf zum Kochen bringen.
Die Kartoffeln zugedeckt etwa 20 Minuten garen. Die gekochten Kartoffeln abgießen — das Kochwasser aufheben! — und auskühlen lassen.
Die Zwiebel und die Knoblauchzehe schälen und fein würfeln. Die Margarine in einer Kasserolle zerlaufen lassen. Die Zwiebel- und die Knoblauchwürfel darin glasig braten. Das Vollkornmehl zugeben und kurz anschwitzen. Mit der Milch und 1/8 l Kartoffelkochwasser aufgießen. Die Sauce etwa 3 Minuten durchkochen lassen. Mit Salz, Pfeffer und dem Zucker abschmecken. Das Lorbeerblatt und die Gewürzkörner entfernen. Die Kräuter unter die Sauce mischen. Die abgekühlten Kartoffeln in Scheiben schneiden und vorsichtig unter die Kräutersauce heben. Das Gericht nochmals kurz erhitzen.

Nährwert pro Person:

243 kcal, 1015 kJ
7,6 g Eiweiß
4,6 g Fett
43,6 g Kohlenhydrate
0,25 mg Cholesterin

Blattspinat mit Pilzen

250 g frischer Spinat
1 Zwiebel (50 g)
1 EL Pflanzenöl
100 g frische Champignons
1 Knoblauchzehe
Muskat oder Koreander
gemahlener Pfeffer, wenig Salz

Den Spinat verlesen, 2- bis 3mal sorgfältig waschen, abtropfen lassen.
Große Blätter etwas zerpflücken. Die Zwiebel und die Pilze in feine Würfel schneiden.
Die Zwiebelwürfel in der Hälfte des Öls in einem breiten Topf goldgelb rösten. Den Spinat hinzufügen, unter ständigem Wenden etwa 1 Minute gar dünsten lassen. Mit der abgezogenen, fein zerdrückten Knoblauchzehe, Muskat oder Koreander, Pfeffer und wenig Salz würzen. Den Spinat aus dem Topf nehmen, warm stellen.
Das übrige Öl in dem Topf erhitzen. Die Pilze hinzufügen, bei starker Hitze ebenfalls unter ständigem Wenden etwa 1 Minute braten.
Spinat und die Pilze mischen. Abschmecken und sofort servieren.

Nährwert pro Person:

87 kcal, 362 kJ
4,9 g Eiweiß
10,6 g Fett
3,9 g Kohlenhydrate
0,1 mg Cholesterin

Spargel »Vinaigrette«

300 g Spargel
1 EL Diätmargarine
1 Essiggurkerl (50 g)
1/2 Zwiebel (25 g)
1 EL Kapern
Petersilie
1 EL Sonnenblumenöl
Zitronensaft, Süßstoff
Senf, Worcestersauce,
Prise Salz

Spargel bündeln. Diätmargarine zerfließen lassen, Spargel dazugeben, mit Salz und Süßstoff würzen, mit etwas Wasser aufgießen und aufkochen lassen; zugedeckt ca. 30 Minuten dünsten.
Für die Sauce Gurkerl, Zwiebel, Kapern und Petersilie fein hacken und mit Zitronensaft, Öl, Senf, Worcestersauce und Salz verrühren.
Spargel auf zwei Tellern anrichten und die unteren Spargelhälften mit der Sauce übergießen.

Nährwert pro Person:

121 kcal, 506 kJ
3,4 g Eiweiß
11,3 g Fett
4 g Kohlenhydrate
0,2 mg Cholesterin

Gedünstete Bohnen

500 g grüne Filetbohnen
Salzwasser
1 Zwiebel (50 g)
20 g Pflanzenmargarine
250 g Pfifferlinge
oder Champignons
Salz, Pfeffer
375 g enthäutete Tomaten

Von den Bohnen die Enden abschneiden. Die Bohnen in wenig kochendes Salzwasser geben.
Die Zwiebel in feine Würfel schneiden, im erhitzten Fett glasig dünsten lassen.
Die vorbereiteten Pilze zu den Zwiebeln geben.
Mit Salz und Pfeffer würzen, bei schwacher Hitze etwa 5 Minuten dünsten lassen.
Die enthäuteten Tomaten halbieren, entkernen, in Achtel schneiden, mit den Bohnen zu den Zwiebeln geben und noch ca. 3 bis 5 Minuten dünsten.

Nährwert pro Person:

229 kcal, 958 kJ
10,1 g Eiweiß
9,6 g Fett
25,7 g Kohlenhydrate
0,1 mg Cholesterin

Folienkartoffeln

4 Kartoffeln (320 g)
Alufolie
10 g Pflanzenmargarine
1 EL feingeschnittener
Schnittlauch

Kartoffeln waschen, abtropfen lassen. Alufolie in 4 gleich große Stücke (ca. 20 x 20 cm) schneiden.
Jede Kartoffel in ein Stück Alufolie wickeln.
Auf dem Rost im vorgeheizten Backofen etwa 1 Stunde garen lassen. Die Folienpakete öffnen. Die Kartoffeln mit Hilfe von 2 Gabeln in der Mitte aufreißen. Auf jede Kartoffel 1 gestr. TL Margarine verteilen und mit Schnittlauch bestreuen.

Nährwert pro Person:

151 kcal, 632 kJ
3,3 g Eiweiß
4,18 g Fett
24,8 g Kohlenhydrate
+Cholesterin

Möhren-Kartoffel-Püree

150 g Möhren
250 g mehlige Kartoffeln
75 ml Magermilch
1 Zweig Estragon
1/2 TL geriebener Kren
10 g Pflanzenmargarine
Pfeffer, Salz

Die Möhren putzen und waschen. Die Kartoffeln schälen, waschen. Beide Zutaten in kleine Würfel schneiden.
Einen Topf mit Wasser ausschwenken und Kartoffeln und Möhren hineinfüllen. Die Milch dazugießen, zum Kochen bringen, bei schwacher Hitze etwa 15 Minuten garen lassen.
Die Zutaten fein zerdrücken. Evtl. mit dem Schneidestab fein pürieren. Den Estragonzweig waschen, die Blättchen von den Stengeln zupfen, trockentupfen, fein schneiden. Estragon, Kren und Margarine unter das Püree geben. Mit Pfeffer und wenig Salz abschmecken.

Nährwert pro Person:

164 kcal, 686 kJ
4,8 g Eiweiß
4,8 g Fett
25,1 g Kohlenhydrate
1,9 mg Cholesterin

Matjesfilet mit grünen Bohnen

240 g Matjesfilet, mild gesalzen
100 g Zwiebel
80 g Magerjoghurt
Pfeffer

Grüne Bohnen

300 g grüne Bohnen
50 g Diätmargarine
Pfeffer, Bohnenkraut

Die Zwiebel in feine Ringe schneiden, Joghurt gut aufschlagen und nach Geschmack würzen. Matjesfilet auf einem Teller anrichten, mit der Joghurtsauce übergießen und die Zwiebelringe darüber verteilen.
Die Bohnen putzen, waschen und in kochendem Wasser garen, abgießen und mit den Gewürzen gut abschmecken. Zum Schluß in der Margarine schwenken und mit dem Matjesfilet servieren.

Nährwert pro Person:

588 kcal, 2458 kJ
24,9 g Eiweiß
48,7 g Fett
13,9 g Kohlenhydrate
72 mg Cholesterin

Gurkengemüse mit Dill

1/2 kg Salatgurken
1/16 l Wasser
Salz, Pfefferkörner
Pimentkörner
1 Lorbeerblatt
Essig
1 EL Zucker
1 EL Öl
10 g feingeschnittener Dill

Die Gurken schälen und halbieren, die Kerne mit einem Löffel herauskratzen und die Gurkenhälften in gleich große Stücke schneiden.
Das Wasser mit Salz und den Gewürzen in einem großen Topf zum Kochen bringen, die Gurkenstücke hineingeben und zugedeckt etwa 15 Minuten bei schwacher Hitze garen. Das Gemüse mit Essig und Zucker abschmecken. Zuletzt das Öl und den Dill daruntermischen.
Vor dem Servieren die Gewürzkörner und das Lorbeerblatt entfernen.

Nährwert pro Person:

81 kcal, 339 kJ
1,7 g Eiweiß
5,5 g Fett
6,1 g Kohlenhydrate
0,1 mg Cholesterin

Rhabarber-Erfrischung

Rezept Seite 152

Sehr kalorienarmes wohlschmeckendes Dessert.

Variation: Mit Melonenstückchen garnieren!

Weintraubenjoghurt

Rezept Seite 154

Mit Sanddorn- und Orangensaft ein sehr gesundes und wohlschmeckendes Dessert.

Erdbeermilch

Rezept Seite 158

Mit Magermilch zubereitet eine köstliche Erfrischung für heiße Sommertage.

Fenchel-Orangen-Schale

Rezept Seite 159

Ein guter Vitaminschub für zwischendurch oder als gesundes Dessert.

NACHSPEISEN

Heißes Apfelmus

2 große Äpfel (400 g)
2 cl Calvados
2 Eiklar
Süßstoff

Geschälte Äpfel dünsten, passieren, mit Calvados mischen und in zwei feuerfeste Schüsseln füllen. Eiklar steif schlagen und mit Süßstoff abschmecken.
Eischneehauben auf das Apfelmus setzen und bei 220 °C überbacken.

Nährwert pro Person:

166 kcal, 695 kJ
4 g Eiweiß
1,3 g Fett
22 g Kohlenhydrate
0 mg Cholesterin

Schwarzwälderbecher

100 g Kirschen
100 g Weichseln (Glas)
100 g Magertopfen
100 g Cottage cheese (20% F. i.T.)
Zitronensaft, Süßstoff
2 Scheiben Pumpernickel (80 g)

Magertopfen mit dem Zitronensaft und Süßstoff abrühren. Weichseln entkernen, fein hacken und dazugeben.
Cottage cheese mit Zitronensaft und Süßstoff abrühren. Kirschen entkernen (2 Paar zurückhalten) und den Pumpernickel fein hacken (2 Ecken zurückhalten).
In zwei Cocktailgläser nacheinander Weichseltopfen, Pumpernickel, Cottage cheese, Kirschen und wieder Weichseltopfen geben. Jedes Glas mit einem Eckerl Pumpernickel und 2 Kirschen garnieren.

Nährwert pro Person:

224 kcal, 937 kJ
16 g Eiweiß
3,1 g Fett
32,7 g Kohlenhydrate
9 mg Cholesterin

Kirschtorte

250 g Vollkornmehl
125 g Diätmargarine
150 g Zucker
1/2 TL Zimt
1 Ei
1 Prise Salz
Margarine für die Form
250 g Kirschen
2 Eiklar
50 g Zucker
125 g geriebene Mandeln

Mehl auf ein Brett sieben und in die Mitte eine Mulde drücken. Ei, Zucker, Zimt, Salz und Margarine direkt aus dem Kühlschrank hineingeben und rasch zu einem Teig verkneten. Teig 30 Minuten im Kühlschrank rasten lassen. Für den Belag die Eiklar steif schlagen, Zucker unterheben und die Mandeln vorsichtig einmischen. Teig ausrollen, in eine befettete Springform geben und am Rand hochdrücken. Mandelmasse aufstreichen und mit Kirschen belegen. Torte in das vorgeheizte Rohr schieben und auf der untersten Schiene 20 Minuten bei 220 °C und 10 Minuten bei 180 °C backen.
Torte auskühlen lassen, auf einen Tortenteller geben und in 12 Portionen teilen.

Nährwert pro Stück:

304 kcal, 1272 kJ
5,7 g Eiweiß
8,2 g Fett
32,9 g Kohlenhydrate
22,1 mg Cholesterin

Kirschengelee

130 g entkernte Sauerkirschen
100 g Kirschsaft
40 g Rotwein
2 Blatt Gelatine

Die Kirschen auf einem Sieb abtropfen lassen und auf Dessertschälchen verteilen.
Den Kirschsaft mit dem Rotwein mischen. Die nach Vorschrift aufgelöste und erhitzte Gelatine unterrühren und die Flüssigkeit über die Kirschen gießen.
Das Ganze ca. 1 Stunde zum Gelieren in den Kühlschrank stellen.

Nährwert pro Person:

97 kcal, 406 kJ
2,1 g Eiweiß
0,2 g Fett
18,7 g Kohlenhydrate
0 mg Cholesterin

Gefüllter Pfirsich

1 Pfirsich (150 g)
100 g Magertopfen
1 TL Rosinen (10 g)
100 g Erdbeeren
4 halbe Walnußkerne
Saft einer Orange
Zitronensaft, Süßstoff

Zwei Erdbeeren zurückbehalten, die anderen pürieren.
Topfen, Süßstoff, Zitronen- und Orangensaft flaumig rühren; Erdbeeren und Rosinen daruntermengen. Pfirsich blanchieren, häuten und halbieren.
Ein wenig Topfenmasse auf zwei Glasteller dressieren, Pfirsichhälften mit den Höhlungen nach oben draufsetzen und die restliche Topfenmasse in die Höhlungen dressieren.
Mit Walnußkernen und ganzen Erdbeeren garnieren.

Nährwert pro Person:

113 kcal, 473 kJ
8,2 g Eiweiß
2 g Fett
15,4 g Kohlenhydrate
0,5 mg Cholesterin

Topfentorte

125 g Vollkornmehl
1 TL Backpulver
125 g Diätmargarine
125 g Zucker
2 Eier
Zitronenschale, ungespritzt
Orangenschale, ungespritzt
Margarine für die Form
Orangenspalten (150 g)
125 g Magertopfen
50 g Magerjoghurt
Süßstoff
Orangensaft

Diätmargarine flaumig rühren, Zucker, Eier, abgeriebene Zitronen- und Orangenschale dazugeben und 1 bis 2 Minuten mixen. Mehl und Backpulver versieben und unterziehen. Masse in eine mit Margarine befettete Springform füllen, in das vorgeheizte Rohr schieben und bei 160 °C 25 bis 30 Minuten backen. Aus Joghurt, Topfen, Süßstoff und Orangensaft eine Creme bereiten. Torte nach dem Erkalten in der Mitte durchschneiden. Den unteren Tortenteil mit Creme bestreichen und mit Orangenspalten belegen. Den oberen Tortenteil wieder auflegen und mit Orangenspalten garnieren.
Torte in 12 Portionen teilen.

Nährwert pro Stück:

185 kcal, 774 kJ
2,8 g Eiweiß
2,1 g Fett
18,7 g Kohlenhydrate
44,2 mg Cholesterin

Hexenschaum

200 g Apfelmus
2 Eiklar
20 g Zucker
Süßstoff

Das Apfelmus mit dem Eiklar und dem Zucker vermengen und dickschäumig aufschlagen. Evtl. mit Süßstoff nachsüßen.

Nährwert pro Person:

130 kcal, 544 kJ
3,8 g Eiweiß
0,3 g Fett
29,4 g Kohlenhydrate
0 mg Cholesterin

Fitneßbecher

250 g Kefir
100 g Magertopfen
20 g Zucker oder Süßstoff
100 g Heidelbeeren

Kefir und Topfen mixen oder mit dem Schneebesen schaumig rühren, süßen.
Die Heidelbeeren süßen, in Kompottschüsserl anrichten, mit Kefir-Topfencreme auffüllen.

Nährwert pro Person:

196 kcal, 820 kJ
11,2 g Eiweiß
4,8 g Fett
26,8 g Kohlenhydrate
14,2 mg Cholesterin

Pfirsichbecher

10 g gehackte Mandeln
125 g Magertopfen
125 g Magerjoghurt
5 g Öl
Süßstoff, Zitronensaft
Schnee von einem halben Eiklar
150 g Pfirsiche

Mandeln, Topfen, Joghurt und Öl, Süßstoff und Zitronensaft verrühren. Schnee unterheben. Pfirsiche klein schneiden, in Gläser füllen und die Topfencreme darübergeben.

Nährwert pro Person:

152 kcal, 636 kJ
13 g Eiweiß
5,6 g Fett
12,2 g Kohlenhydrate
0,8 mg Cholesterin

Apfel-Rhabarber-Kompott

1 Apfel (150 g)
150 g Rhabarber
Süßstoff
Zitronensaft, Gewürznelken
Zimtrinde, 2 Neugewürzkörner

Rhabarber in Stücke schneiden, mit Wasser, Süßstoff und den Gewürzen zum Kochen bringen. Apfelspalten dazugeben und so lange ziehen lassen, bis sie weich sind.
Gewürze entfernen und das Kompott mit Süßstoff und Zitronensaft abschmecken.

Nährwert pro Person:

47 kcal, 197 kJ
0,6 g Eiweiß
0,5 g Fett
8,7 g Kohlenhydrate
0 mg Cholesterin

Topfen-Obst-Knödel

60 g Magertopfen
30 g Diätmargarine
1 Eiklar
40 g Mehl
etwas Salz
Obst nach Wahl zum Füllen (Marille, Erdbeere)
20 g Brösel
10 g Diätmargarine zum Rösten
Staubzucker
150 g Apfelkompott

Aus Topfen, Margarine, Eiklar, Mehl und Salz einen Teig herstellen, portionieren und mit beliebigem Obst füllen. Knödel in leicht gesalzenem nicht zu stark kochendem Wasser garen.
Brösel in Diätmargarine anrösten, Knödel darin wälzen und mit Staubzucker bestreuen.

Nährwert pro Person:

352 kcal, 1473 kJ
9,2 g Eiweiß
16,7 g Fett
38,3 g Kohlenhydrate
0,5 mg Cholesterin

Gebratene Banane

150 g Banane (1 Stück)
5 g Diätmargarine
20 g blättrig geschnittene Mandeln
10 g Marmelade
5 g Diätmargarine für die Form

Banane der Länge nach halbieren, in eine befettete feuerfeste Form legen, mit Marmelade bestreichen, mit Mandelblättchen bestreuen und im Rohr ca. 10 Minuten backen.

Nährwert pro Person:

168 kcal, 701 kJ
2,8 g Eiweiß
9,6 g Fett
17,9 g Kohlenhydrate
+Cholesterin

Apfelstrudel mit Vanillesauce

125 g Mehl
$^{1}/_{16}$ l Wasser
Salz, Essig oder Zitronensaft

Fülle:

40 g Diätmargarine
50 g Brösel
500 g Äpfel
50 g Zucker
25 g Rosinen
Zimt, Zitronensaft
Margarine fürs Blech

Aus Mehl, Wasser, Salz, etwas Essig und Zitronensaft einen Strudelteig bereiten, eine halbe Stunde an einem warmen Ort zugedeckt rasten lassen. Diesen auf einem bemehlten Tuch ziehen und mit in Margarine gerösteten Bröseln bestreuen.
Geschälte, blättrig geschnittene Äpfel, Zucker, Zimt und Rosinen auf zwei Drittel des Teiges verteilen, Teig einrollen, auf ein Blech geben und backen.

Vanillesauce

300 g Magermilch
15 g Vanillepuddingpulver
30 g Zucker
etwas Rum

Puddingpulver und Zucker in etwas kalter Milch anrühren. Restliche Milch zum Kochen bringen, Puddingpulver-Milch-Gemisch einrühren, aufkochen lassen und mit etwas Rum abschmecken.

Nährwert pro Person:

679 kcal, 2841 kJ
13,8 g Eiweiß
20,9 g Fett
132,7 g Kohlenhydrate
7,7 mg Cholesterin

Rhabarber-Erfrischung

300 g Rhabarber
Süßstoff
1 Eiklar

Rhabarber schälen, in Stücke schneiden und mit Süßstoff und etwas Wasser weichdünsten; erkalten lassen und im Mixer zusammen mit dem Eiklar aufschlagen.
In 2 Gläsern anrichten.

Nährwert pro Person:

48 kcal, 205 kJ
5,4 g Eiweiß
0,4 g Fett
5,9 g Kohlenhydrate
0 mg Cholesterin

Gemüse-Frucht-Cocktail

150 g Selleriesaft
150 g Orangensaft
Zitronensaft
Petersilien- und Dillzweigerln

In die einzelnen Abteilungen einer Eiswürfelwanne abwechselnd Petersilien- und Dillzweigerln legen, mit Wasser auffüllen und gefrieren lassen. In jedes Glas 2 Eiswürfel geben und mit einem Gemisch aus Sellerie-, Orangen- und Zitronensaft übergießen.

Nährwert pro Person:

59 kcal, 246 kJ
1,8 g Eiweiß
0,4 g Fett
10,3 g Kohlenhydrate
0 mg Cholesterin

Polenta-Auflauf

200 g Polenta
50 g Honig
20 g Diätmargarine
1 Ei
10 g geriebene Walnußkerne
Schale einer ungespritzten Zitrone
Anis

Polenta in 1/2 l kochendes Wasser einrühren, zu einem dicken Brei anflocken und dann abkühlen lassen.

Diätmargarine, Dotter, Honig, abgeriebene Zitronenschale und Anis schaumig rühren, Walnüsse dazugeben und den Abtrieb mit der abgekühlten Polenta vermengen.

Eiklar steif schlagen und unterheben. Masse in eine befettete Auflaufform geben und bei mittlerer Hitze ca. 50 Minuten backen.

Nährwert pro Person:

561 kcal, 2347 kJ
12,5 g Eiweiß
14,8 g Fett
94,5 g Kohlenhydrate
132,1 mg Cholesterin

Weintraubenjoghurt

300 g Magerjoghurt
100 g Orangensaft
50 g Sanddorn
200 g blaue oder helle Weintrauben
10 g Walnüsse

Joghurt mit dem Orangensaft und dem Sanddorn glattrühren. Die Weintrauben gut waschen, halbieren und entkernen, die Walnüsse hacken. Beides mit dem Joghurt vermengen.

Nährwert pro Person:

200 kcal, 838 kJ
7,4 g Eiweiß
5,4 g Fett
30,4 g Kohlenhydrate
0 mg Cholesterin

Apfelreis

100 g Äpfel
20 g Öl
70 g Reis
300 g Wasser
Süßstoff
Zitronensaft

Die geschälten, entkernten, grobwürfelig geschnittenen Äpfel in Öl glasig anlaufen lassen, den Reis dazugeben, durchrösten, mit kochendem Wasser aufgießen und zugedeckt weichdünsten. Mit Zitronensaft und Süßstoff würzen.

Nährwert pro Person:

248 kcal, 1038 kJ
2,6 Eiweiß
10 g Fett
33,3 g Kohlenhydrate
0,2 mg Cholesterin

Topfentascherl

100 g Magertopfen
100 g Mehl
100 g Diätmargarine
50 g Marmelade

Topfen, Mehl und Margarine zu einem Teig verkneten, auswalken, 3mal nacheinander wie einen Blätterteig zusammenschlagen und wieder auswalken. 10 Quadrate schneiden, mit Marmelade belegen, zusammenklappen und backen.

Nährwert pro Person:

126 kcal, 528 kJ
2,5 g Eiweiß
8,1 g Fett
10,8 g Kohlenhydrate
1,2 mg Cholesterin

Frischer Obstsalat

100 g Äpfel
50 g Orange
60 g Trauben
50 g Banane
1 EL Cognac
150 g Orangenlimonade mit Kohlensäure

Mischen Sie die würfelig geschnittenen Äpfel, die zerteilte Orange und die halbierten Trauben miteinander. Träufeln Sie den Cognac darüber und lassen Sie die Mischung 1 bis 2 Stunden ziehen. Kurz vor dem Anrichten zerteilen Sie die Banane mit einer Gabel, so daß die Scheiben gerillt aussehen und geben sie zum übrigen Obst. Gießen Sie die Orangenlimonade darüber und bringen Sie den Fruchtsalat zu Tisch.

Nährwert pro Person:

131 kcal, 547 kJ
0,8 g Eiweiß
0,5 g Fett
26,7 g Kohlenhydrate
0 mg Cholesterin

Kiwi-Nuß-Salat

300 g Kiwi
30 g Nüsse
10 g Diätmargarine
10 g Zucker

Die geschälten Kiwi blättrig schneiden und anrichten. Die Nüsse grob hacken. Den Zucker in Butter etwas anlaufen lassen, die grob gehackten Nüsse dazugeben, etwas rösten und über die angerichteten Früchte verteilen.

Nährwert pro Person:

232 kcal, 971 kJ
3,6 g Eiweiß
14,2 g Fett
22 g Kohlenhydrate
+Cholesterin

Melonen-Trauben-Mix

1 Honigmelone
250 g blaue Weintrauben
20 g blättrig geschnittene Mandeln
1 TL Diätmargarine
Süßstoff, Zitronensaft

Weintrauben halbieren und entkernen. Melone halbieren, das ungenießbare Innere entfernen, die Melonenhälften aushöhlen und das Fruchtfleisch in Würfel schneiden.
Melonenwürfel und Weintrauben vermengen und mit einer Marinade aus Zitronensaft und Süßstoff übergießen, in die Melonenhälften füllen und kühl stellen. Mandelblättchen in Diätmargarine auf einer kleinen Flamme bräunen und vor dem Servieren auf den Melonen-Trauben-Mix geben.

Nährwert pro Person:

321 kcal, 1345 kJ
4,3 g Eiweiß
10 g Fett
53,5 g Kohlenhydrate
+Cholesterin

Dattel-Rhabarber-Kuchen

225 g Rhabarber, gehackt
170 g Datteln
225 g Vollkornmehl
3 TL Backpulver
60 g Margarine
1 Ei
4 EL Magermilch

Backrohr auf 190 °C vorheizen. Dünsten Sie den Rhabarber in wenig Wasser 5 bis 10 Minuten lang und lassen Sie ihn dann abtropfen. Geben Sie das Mehl mit dem Backpulver in eine Schüssel und reiben Sie es mit der Margarine ab, bis die Mischung ein feinkrümeliges Aussehen hat. Rühren Sie nun die Datteln und den Rhabarber ein. Geben Sie das Ei und die Milch dazu und vermischen Sie alles gut miteinander. Füllen Sie die Masse in eine beschichtete Kuchenform und backen Sie sie 1 Stunde lang im Rohr. Teilen Sie den Kuchen nach dem Abkühlen in 12 Stücke.

Nährwert pro Stück:

142 kcal, 596 kJ
3,2 g Eiweiß
5 g Fett
21,2 g Kohlenhydrate
22,3 mg Cholesterin

Heidelbeerschale

200 g Heidelbeeren
100 g Magertopfen
100 g Magerjoghurt
Süßstoff, Zitronensaft
Orangensaft

Topfen und Joghurt, Süßstoff, Zitronen- und Orangensaft glattrühren und die Hälfte der Heidelbeeren vorsichtig unterheben; abschmecken, in Schälchen anrichten und die restlichen Heidelbeeren darauf verteilen.

Nährwert pro Person:

147 kcal, 601 kJ
9,3 g Eiweiß
0,8 g Fett
24,6 g Kohlenhydrate
0,5 mg Cholesterin

Erdbeermilch

150 g Erdbeeren
1/4 l Magermilch
10 g Zitronensaft
15 g Zucker
1/8 l Mineralwasser

Die Erdbeeren gründlich waschen, in einem Sieb abtropfen lassen, entstielen und in den Mixer geben. Große Erdbeeren halbieren. Die Milch, den Zitronensaft und den Zucker zufügen. Alles mixen, in Gläser füllen und mit Mineralwasser auffüllen. Sofort servieren.

Nährwert pro Person:

115 kcal, 482 kJ
4,9 g Eiweiß
2,3 g Fett
18,8 g Kohlenhydrate
6,3 mg Cholesterin

Fitneß-Lunch

1 kleiner Pfirsich (100 g)
1 kleiner Apfel (100 g)
50 ml Orangensaft
100 g Weintrauben
30 g Haferflocken
20 g Walnußkerne
1 Messerspitze Kakao
100 g körniger Frischkäse

Den Pfirsich waschen, halbieren, entsteinen. Den Apfel waschen, vierteln, entkernen. Pfirsich und Apfel in kleine Scheiben schneiden, sofort mit dem Orangensaft mischen.

Die Weintrauben waschen, entstielen, evtl. halbieren, entkernen. Unter das vorbereitete Obst mischen.

Flocken und Nüsse ohne Fettzugabe unter ständigem Wenden rösten, mit dem Kakao bestäuben.

Das Obst auf einem Teller anrichten. Den Frischkäse in die Mitte setzen, die Nuß-Flocken darüberstreuen.

Nährwert pro Person:

271 kcal, 1133 kJ
10,6 g Eiweiß
10 g Fett
35,3 g Kohlenhydrate
7 mg Cholesterin

Fenchel-Orangen-Schale

200 g Fenchelknolle
200 g Orange
1 EL Sonnenblumenöl
Saft einer Zitrone
Süßstoff
weißer Pfeffer
Salz
Anisgewürz

Fenchel in Scheiben schneiden und überdünsten, so daß er noch bißfest ist; Orange in Scheiben schneiden. Fenchel- und Orangenscheiben gleichmäßig auf zwei Schüsserln aufteilen und mit einer Marinade aus Öl, Zitronensaft, Gemüsewasser, Salz und Pfeffer übergießen; mit Anisgewürz bestreuen.

Nährwert pro Person:

127 kcal, 532 kJ
3,4 g Eiweiß
5,5 g Fett
15,4 g Kohlenhydrate
0,1 mg Cholesterin

Gefüllte Grapefruit

300 g Grapefruit
100 g Erdbeeren
2 EL Sherry, trocken
Zitronensaft, Süßstoff

Die Grapefruit halbieren und das Fruchtfleisch herauslösen, daß die weiße Haut zurückbleibt. Das Fruchtfleisch in Stücke schneiden, die Erdbeeren halbieren und vorsichtig untermengen. Das Ganze mit einer Marinade aus Sherry, etwas Zitronensaft und evtl. Süßstoff abschmecken.
In eine ausgehöhlte Grapefruithälfte füllen und jeweils mit einer Erdbeere garnieren.

Nährwert pro Person:

82 kcal, 343 kJ
1,3 g Eiweiß
0,6 g Fett
18 g Kohlenhydrate
0 mg Cholesterin

Zitronencreme

100 g Magermilch
2 Blatt Gelatine
1 Eiklar
Zitronensaft, Süßstoff

Die Magermilch mit dem Süßstoff und dem Zitronensaft abschmecken.
In Wasser aufgelöste Gelatine unterrühren. Kühlstellen.
Eiklar steif schlagen und unter die halbsteif gewordene Masse heben.
Die Creme im Kühlschrank erstarren lassen.

Nährwert pro Person:

33 kcal, 138 kJ
3,9 g Eiweiß
0,8 g Fett
2,6 g Kohlenhydrate
0 mg Cholesterin

Birnen-Igel

100 g Birnen
Zitronensaft
Süßstoff
10 g Mandeln
5 g Diabetikermarmelade
1/4 l Magermilch
10 g Vanillepuddingpulver

Birnen schälen und halbieren; Kerngehäuse ausstechen. Etwas Wasser mit Zitronensaft und Süßstoff würzen und die Birnenhälften mit Marmelade füllen, mit der Rundung nach oben auf einen Desserteller legen und mit den Mandeln spicken.
Knapp 1/4 l Magermilch und Vanillepuddingpulver unter ständigem Rühren zum Kochen bringen, kurz aufkochen lassen, mit Süßstoff abschmecken und um die Birnen gießen; kaltstellen.

Nährwert pro Person:

137 kcal, 573 kJ
5,6 g Eiweiß
4,6 g Fett
17,8 g Kohlenhydrate
6,3 mg Cholesterin

Weichselstrudel

2 Pakete tiefgekühlter Strudelteig
50 g Diätmargarine
50 g Semmelbrösel
750 g Weichseln
25 g Rosinen
Süßstoff, Zimt

Brösel in der Diätmargarine anbräunen.
Strudelteig auf einem feuchten Tuch ausbreiten und mit den Bröseln bestreuen. Dreiviertel des Teiges mit Weichseln belegen; Zimt, Süßstoff und die Rosinen darüberstreuen. Teig einrollen, mit der Diätmargarine bestreichen, in das vorgeheizte Rohr schieben und bei mittlerer Hitze ca. 30 Minuten backen.
Strudel in 10 Portionen teilen.

Nährwert pro Portion:

144 kcal, 603 kJ
1,7 g Eiweiß
5,7 g Fett
18,5 g Kohlenhydrate
0,16 mg Cholesterin

Türkisches Aprikosen-Orangen-Dessert

300 g Marillen
Saft von 100 g Orangen
60 g Magertopfen
60 g Magerjoghurt
Süßstoff nach Geschmack

Kochen Sie die Marillen etwa 30 Minuten bzw. bis sie weich sind, auf kleiner Flamme in der Einweichflüssigkeit. Geben Sie die geriebene Orangenschale und alle anderen Zutaten außer dem Saft dazu, lassen Sie die Mischung leicht abkühlen und süßen Sie nach Belieben.

Behalten Sie 4 bis 6 Marillen zurück und pürieren Sie die restlichen im Mixer. Gießen Sie die Mischung in mehrere Gläser.

Für den Belag mischen Sie den Magertopfen, das Joghurt und den Orangensaft im Mixer.

Geben Sie die Masse mit einem Schöpflöffel über das Marillenpüree und geben Sie auf jede Form eine der zurückbehaltenen Aprikosen mit der runden Seite nach oben.

Stellen Sie das Dessert vor dem Anrichten noch kurze Zeit kalt.

Nährwert pro Person:

124 kcal, 519 kJ
7,1 g Eiweiß
0,5 g Fett
22,7 g Kohlenhydrate
1,8 mg Cholesterin

Preiselbeer-Omelette

60 g Mehl
1/2 Ei
140 ml Magermilch
etwas Salz
20 g Sonnenblumenöl
100 g Preiselbeerkompott

Aus Mehl, Ei, Milch und Salz einen Teig bereiten und in heißem Öl dünne Omeletten ausbacken.

Jede Omelette zur Hälfte mit Preiselbeerkompott bestreichen und in der Mitte zusammenklappen.

Mit dem restlichen Kompott servieren.

Nährwert pro Person:

254 kcal, 1063 kJ
7,5 g Eiweiß
12 g Fett
28,8 g Kohlenhydrate
66,2 mg Cholesterin

Erdbeertörtchen

100 g Mehl
1 TL Backpulver
2 EL Diätmargarine (30 g)
8 Erdbeeren
1/8 l Magermilch
2 EL Vanille-Puddingpulver
Süßstoff, Salz

Mehl und Backpulver versieben und mit der Diätmargarine, 2 Eßlöffeln Wasser und etwas Salz zu einem festen Teig verarbeiten. Den Teig in 4 Törtchenformen drücken, in das vorgeheizte Rohr schieben und bei 220°C ca. 25 Minuten backen.

Puddingpulver mit etwas Milch abrühren; die restliche Milch zum Kochen bringen, Süßstoff und das abgerührte Puddingpulver einrühren und aufkochen lassen. Puddingcreme unter öfterem Umrühren erkalten lassen.

Törtchen mit Puddingcreme füllen und mit den halbierten Erdbeeren belegen.

Nährwert pro Törtchen:

232 kcal, 971 kJ
4,9 g Eiweiß
9,3 g Fett
32 g Kohlenhydrate
2,6 mg Cholesterin

Flambiertes Grießdessert

30 g Grieß
1 TL Diätmargarine
1/4 l Magermilch
10 g Walnußkerne
1/2 Eiklar
Salz, Süßstoff
2 TL Rum

Margarine zerlassen, die Milch dazugeben, leicht salzen und aufkochen lassen. Grieß unter ständigem Rühren dazugeben und 10 Minuten bei kleiner Flamme quellen lassen, süßen.

Walnußkerne hacken und das Eiklar zu Schnee schlagen.

Walnüsse in die erkaltete Grießmasse einrühren, den Schnee vorsichtig unterheben.

Grießdessert in zwei Schälchen füllen, auf jedes 1 Teelöffel angewärmten Rum geben und anzünden.

Nährwert pro Person:

204 kcal, 854 kJ
7,5 g Eiweiß
6,1 g Fett
17,1 g Kohlenhydrate
6,3 mg Cholesterin

Nährwerttabelle ausgewählter Lebensmittel

Lebensmittel (je 100 g)	kcal	kJ	Eiweiß g	Fett g	Kohlenhydrate g	Cholesterin mg
Milch und Milchprodukte						
Edamer, 30% F. i.T.	251	1052	26,4	16,2	+	54
Gouda, 45% F. i.T.	365	1526	25,5	29,2	+	144
Joghurt, 1,5% Fett	44	182	3,4	1,5	4,1	5
Romadur, 30% F. i.T.	178	746	23,9	9,2	+	31
Speisetopfen, mager	73	304	13,5	0,3	4,0	1
Trinkmilch, 3,5% Fett	64	267	3,3	3,5	4,8	11
Trinkmilch, 1,5% Fett	47	195	3,4	1,5	4,9	5
Parmesan, 35% F. i.T.	375	1567	35,6	25,8	+	68
Fette und Öle						
Butter	754	3156	0,7	83,2	0,7	240
Butterschmalz	897	3752	0,3	99,5	0,0	340
Diätmargarine	722	3019	0,2	80,0	0,2	1
Maiskeimöl	899	3762	0,0	99,9	0	2
Sonnenblumenöl	898	3758	0,0	99,8	*	5
Fische						
Forelle	102	428	19,5	2,7	+	55
Hering	201	842	16,8	14,9	+	85
Kabeljau (Dorsch)	73	306	17,4	0,4	+	50
Lachs	202	845	19,9	13,6	+	35
Rotbarsch	105	440	18,2	3,6	+	38
Scholle	76	316	17,1	0,8	+	55
Seelachs	80	336	18,3	0,8	+	33
Geflügel						
Ente	227	951	18,1	17,2	+	70
Huhn	133	556	20,6	5,6	+	81
Truthahn	212	886	19,2	15,0	+	74
Fleisch						
Kalbfleisch						
Filet	95	397	20,6	1,4	+	90
Schlegel	97	407	20,7	1,6	+	90
Kotelett	112	470	21,1	3,1	+	70
Niere	128	534	16,7	6,4	0,8	380

Nährwerttabelle ausgewählter Lebensmittel

Lebensmittel (je 100 g)	kcal	kJ	Eiweiß g	Fett g	Kohlenhydrate g	Cholesterin mg
<u>Schweinefleisch</u>						
Schulter	271	1132	17,0	22,5	+	70
Keule	274	1145	16,9	22,9	+	85
Schnitzel	156	653	20,8	8,1	+	70
<u>Rindfleisch</u>						
Filet	116	487	19,2	4,4	1,1	70
Schlegel	148	619	21,0	7,1	+	120
Hirn	130	542	10,4	9,6	0,4	2000
<u>Wild</u>						
Hirsch	112	469	20,6	3,3	+	110
Rehrücken	122	510	22,4	3,6	+	110
Rehschlegel	97	407	21,4	1,3	+	110
Fleisch- und Wurstwaren						
Fleischwurst	297	1241	13,2	27,1	0,0	85
Salami	519	2169	17,8	49,7	+	85
Schinken	193	808	19,5	12,8	+	85
Gemüse						
Blumenkohl	23	97	2,4	0,3	2,7	0
Broccoli	24	100	3,5	0,2	2,0	0
Endivien	12	49	1,7	0,2	0,9	0
Gurken	13	54	0,6	0,2	2,2	0
Kopfsalat	10	44	1,3	0,2	0,9	0
Möhren	27	113	1,1	0,2	5,2	0
Rhabarber	11	44	0,6	0,1	1,9	0
Sauerkraut	16	67	1,5	0,3	1,8	0
Tomaten	17	73	1,0	0,2	2,9	0
Zucchini	19	79	1,6	0,4	2,2	0

Nährwerttabelle ausgewählter Lebensmittel

Lebensmittel (je 100 g)	kcal	kJ	Eiweiß g	Fett g	Kohlenhydrate g	Cholesterin mg
Obst						
Apfel, ungeschält	50	208	0,2	0,6	10,9	0
Birne	46	193	0,6	0,4	10,0	0
Erdbeere	33	138	0,8	0,5	6,3	0
Heidelbeere	87	362	0,7	0,6	19,6	0
Johannisbeeren, rot	38	158	1,1	0,2	7,9	0
Kiwi	50	210	0,9	0,6	10,3	0
Olive, grün	131	549	1,4	13,3	1,5	0
Pfirsich	39	161	0,7	0,1	8,7	0
Getreide, Mehle und sonstige Mahlprodukete						
Buchweizen, geschält	340	1421	10,0	1,7	71,3	0
Gerste, Korn	292	1292	10,6	2,1	57,7	0
Gerstenvollkornmehl	350	1470	10,6	1,9	72,0	0
Dinkelmehl	360	1510	10,4	2,0	75,3	0
Haferflocken	363	1519	13,8	7,0	61,2	0
Hirse	354	1478	10,6	3,9	69,0	0
Reis, Naturreis	348	1455	7,4	2,2	74,6	0
Roggenflocken	307	1286	12,0	1,7	61,0	0
Weizen, Korn	304	1274	11,4	2,0	60,2	0
Corn Flakes	336	1404	7,6	0,7	77,8	0
Vollkornnudeln	343	1435	15,0	3,0	64,0	0
Hülsenfrüchte						
Bohnen, weiß	294	1228	22,0	1,6	47,8	0
Linsen	310	1296	23,5	1,4	50,8	0
Sojabohne	453	1894	36,8	23,5	23,5	0
Sojamehl, halbfett	335	1402	43,4	6,7	25,3	0
Samen und Nüsse						
Erdnuß	571	2390	26,0	48,1	8,6	0
Kokosraspel	606	2536	5,6	62,0	6,4	0
Mandel	599	2507	19,0	54,0	9,3	0
Haselnuß	643	2692	13,0	61,0	10,6	0
Walnuß	666	2788	15,0	62,0	12,1	0
Pinienkerne	674	2820	13,0	60,0	20,5	0

(Nach: I. Elmadfa et al.: Die große GU Nährwerttabelle 1988/89)

LITERATURVERZEICHNIS

DANIEL, CH., H. KAPP-TELKEMEYER: Hauswirtschaft. Band 6: Ernährungslehre, BLV Verlagsgesellschaft München Wien Zürich, 1980

ELMADFA, I., W. AIGN, E. MUSKAT, D. FRITZSCHE, H.-D. CREMER: Die große GU Nährwert-Tabelle. Kalorien/Joule- und Nährstoffgehalte unserer Lebensmittel. Gräfe und Unzer, 1988.

HAIDINGER, G., J. RADEK: Cholesterin-Kochsalz-ABC. Verlag Orac Wien, 2. Auflage, 1988.

KUNZE, M., W. EXEL, R. SCHOBERBERGER: Schlank ohne Diät, Verlag Orac Wien, 1985.

KUNZE, M., B. SCHWARZ, P. BAYER, B. BINDER, H.P. BISCHOF, W. ENENKEL, H. P. FRIEDL, M. HAIDER, S. HEYDEN, K. IRSIGLER, J. KALIMAN, W. KOLLER, G. KOSTNER, F. KUBICEK, J. LEIBETSEDER, M. PICHLER, H. P. RHOMBERG, F. SANDHOFER, H. SINZINGER, F. UNGER, K. WIDHALM: Atherosklerosebericht. Herausgegeben vom Institut für Sozialmedizin, Wien, 1988.

SOUCI — FACHMANN — KRAUT: Der kleine »Souci.Fachmann.Kraut«. Lebensmitteltabelle für die Praxis. Herausgegeben von der Deutschen Forschungsanstalt für Lebensmittelchemie, Garching bei München. Wissenschaftliche Verlagsgesellschaft mbH Stuttgart, 1987.

WIDHALM, K., K. ZWIAUER, M. KUNZE, H. SINZINGER, J. KALIMAN, G. KOSTNER: Einheitliche Beurteilung der Blut-Cholesterinkonzentration: Der Österreichische Cholesterin-Konsens. Öst. Ärztezeitung 43, 10 (1988) 32.

LITERATUR DER KOCHREZEPTE

BECEL: Essen mit Freude und Vernunft. Rezepte und Tips für Menschen mit überhöhtem Cholesterinspiegel. Herausgegeben von der Österreichischen Unilever Ges.m.b.H.:

- Käsesuppe, Knoblauchsuppe, Karottensuppe, Zwiebelsuppe, Kräutersuppe, Französische Fischsuppe, Wiener Suppentopf, Porreesuppe, Karfiolsuppe.
- Selleriesalat, Thunfischsalat, Truthahnsalat, Broccolisalat, Radieschensalat, Käsesalat, Tomatensalat, Reissalat, Gutsherrensalat, Sojasprossen-Mix.
- Sojapuffer, Letscho, Gemüsetoast mit Kräutersauce, Pikante Palatschinken, Gefüllte Zucchini, Schlemmertoast, Gemüseteller, Gemüseeintopf, Kräuterrisotto, Grünkernauflauf, Fleischsalatbombe, Schwammerlgulasch, Gefüllter Kohlkopf, Seelachsfilet auf Sommergemüse, Truthahnrollbraten, Truthahnschnitzel, Lammfilet in Minzensauce, Rosmarinhühnchen mit Broccoli, Hirschenschnitzel mit Apfelsauce, Hasenhaxerln in Gemüse, Gurken-Tomaten-Torte, Haferflocken-Topfenknödel mit Porreesauce, Polenta-Auflauf.
- Gemüse-Frucht-Cocktail, Indischer Reis, Spargel »Vinaigrette«, Gemüsetomaten.
- Vita-Quick, Karottentorte, Kiwi-Mango-Kaltschale, Topfencreme, Heißes Apfelmus, Topfentorte, Marillenreis, Flambiertes Grießdessert, Gefüllter Pfirsich, Schwarzwaldbecher, Kiwitorte, Kirschtorte, Apfel-Rhabarber-Kompott, Preiselbeeromelette, Rhabarber-Erfrischung, Bio-Mix, Melonen-Trauben-Mix, Heidelbeerschale, Fenchel-Orangen-Schale, Birnenigel, Obstknödel, Weichselstrudel, Gebratene Banane, Erdbeertörtchen.

FRANKE, R., H. KAFFARNIK: Moderne Diät zur Cholesterinspiegel-Senkung, Gräfe und Unzer, 1988:

- Apfelsuppe, Kürbissuppe, Hirsesuppe, Hühnerbrühe mit Gemüseeinlage.
- Möhrenfrischkost, Kopfsalat mit Kräutersauce, Sauerkrautsalat.
- Paprikatopf, Putenschnitzel in Alufolie, Hackbraten in Bratfolie, Forelle mit Dill und Fenchel, Gefülltes Hähnchen im Tontopf, Dorsch auf Spinat, Rinderrouladen mit Schinkenfüllung, Kräuterkartoffeln, Rotkraut mit Endivien, Kartoffelpüree, Frischer Spinat, Gurkengemüse mit Dill.
- Erdbeermilch, Kirschengelee, Marillenknödel, Weintraubenjoghurt.

HEYDEN, S., G. BRAND: Gesunde Kost, gesundes Herz. Vorbeugende Diät gegen den Herzinfarkt. Georg Thieme Verlag, 1987:

- Matjesfilet mit grünen Bohnen
- Zitronencreme, Gefüllte Grapefruit

MAUDRICHS NEUZEITLICHE DIÄTKÜCHE bei Störungen des Fettstoffwechsels sowie vorbeugende Ernährung von Dozent Dr. E. Kriehuber und J. Kriehuber. Verlag Wilhelm Maudrich, 1988:

- Kartoffelsuppe mit Pilzen, Hühnersuppe mit Spargel, Krautsuppe, Karfiolcremesuppe, Kohlsuppe, Zwiebelsuppe, Ritschert.
- Truthahnschnitzel in Selleriesauce, Hühnerfleischpudding, Italienische Fischpfanne, Majoranrindschnitzel, Pfefferfilets, Hühnersteak mit grüner Pfeffersauce, Kalbssteak, Spaghetti mit Tomatensugo, Karfiol mit Kräutersauce, Gefüllte Tomaten, Hühnereintopf mit Lauch, Kräuterkarfiol mit Käse, Gefüllte Kohlrabi, Krautfleckerl, Schollenfilet in Alufolie.
- Feines Mischgemüse, Gebackene Kartoffeln, Zucchinigemüse, Paprikakraut, Polenta, Gedünstete Zwiebeln, Zucchini-Tomatengemüse, Paprikagemüse.
- Bulgarischer Salat, Birnen-Käsesalat, Gemüsesalat, Spargelsalat, Rettichsalat.
- Hexenschaum, Fitneßbecher, Kiwi-Nußsalat, Apfelreis, Topfentascherln.

MANN, J., R. LONGSTAFF: Anti-Infarkt-Diät. Köstlich Kochen für ein gesundes Herz. Orac-Verlag, 1986:

- Suppe mit Vollkornteigwaren, Kalorienarmer Aufstrich, Schnelles Vollkornbrot.
- Kartoffelsalat, Salade nicoise, Russischer Salat.
- Getoastete Truthahnsandwiches, Pikante Scholle, Kalbsschnitzel mit Champignon und grünen Bohnen, Diätratatouille, Eintopf mit Mischgemüse, Gemüserisotto auf Bauernart, Megadarra, Spaghetti mit Hühnerfleisch und Champignonsauce.
- Weiße Bohnen im grünen Dressing, Petersilienreis, Erbsenpüree, Rotkraut.
- Türkisches Aprikosen-Orangendessert, Frischer Obstsalat, Dattel-Rhabarberkuchen, Orangenjoghurtsaft.

SCHLIERF, G., R.-D. GEISS, G. VOGEL: Ernährung bei Fettstoffwechselstörungen. Georg Thieme Verlag Stuttgart, 1982:

- Käsesuppe
- Marokkanischer Salatteller, Geflügelsalat, Fischsalat mit Gemüse, Feldsalat mit Tomaten.
- Scholle »Nepomuk«, Putenschnitzel »französische Art«, Fischragout, Geflügelragout, Paprikaschoten mit Pilzfüllung.
- Fruchtbecher, Pfirsichbecher.

THIM, CH., P. SCHWANDT, W.O. RICHTER: Gesund genießen bei zu hohem Cholesterinspiegel. Ernährung zur Verhütung und Behandlung von erhöhtem Cholesterin im Blut. Ceres-Verlag. Rudolf-August Oetker KG, 1988:

- Italienische Gemüsesuppe, Graupensuppe.
- Spinat-Rohkost, Sojabohnensprossensalat, Tunesischer Salat, Hähnchen-Zucchini-Salat, Zigeuner-Pastetchen, Lyoner Toast, Ratatouille aus dem Römertopf, Gemüse »Indonesischer Art«, Rotbarsch »Mallorquin«, Grünkernbällchen mit Lauchzwiebeln und Käse-Nuß-Sauce, Grünkernküchle, Fitneß-Lunch, Blattspinat mit Pilzen.
- Folienkartoffeln, Möhren-Kartoffel-Püree, Würziger Orangenreis, Gedünstete Bohnen, Exotisches Rosenkohlgemüse.

WIDHALM, K., M. KUNZE: Ernährung bei Stoffwechselerkrankungen. Cholesterin und Triglyceride. Medizin populär, 1988, 1. Sonderheft:

- Lauchsuppe, Tomatensuppe
- Paprikahuhn, Champignonschnitzel, Gebratene Knoblauchscholle, Gemüse-Kartoffel-Laibchen.
- Apfelstrudel mit Vanillesauce, Topfen-Obst-Knödel.